中公新書 2218

柘植雅義著

特別支援教育

多様なニーズへの挑戦

中央公論新社刊

はじめに

日本における障害のある子どもに対する教育の歴史は古く、今から130年以上も前に遡《さかのぼ》る。1878（明治11）年、京都に設立された盲啞院《もうあいん》が、その始まりと言われている。それ以降、幾多の戦争、急速な高度成長、甚大な自然災害など、さまざまな影響を受けながら、障害のある子どもに対する教育が成熟してきた。そして、例えば、どんなに障害が重くても、複数の障害が重複していても、学齢期になれば福祉や医療ではなく、教育の対象として明確に位置づけ、ていねいに対応していく日本の教育システムは、世界的にも稀《まれ》であろう。

そのようななか、21世紀になって、障害のある子どもの教育に大きなパラダイムチェンジが起きた。これまでの成熟と相まって生じてきた綻《ほころ》びを繕うべく、現代化が図られたのである。これは、130年ぶりの大改革と言ってもよいだろう。つまり、これまで日本では、障害のある子どもへの教育を法令上「特殊教育」と呼び、特に「障害の種類と程度」に着目して指導を行ってきたが、21世紀になって、新たな理念と基本的な考えのもとに制度改革が行われ、「特別支援教育」が誕生した。それは、「障害の種類と程度」だけが重視された時代から、障害のある児童生徒等一人一人の「特別な教育的ニーズ」を的確に把握し、必要な指導や支援を行っていく時代への移行を意味した。障害のある子どもの教育に対する理念や基本的な考え、対象とする子どもの範囲、そしてそれに伴うシステムが大きく変更されたのである。この背景には、障害のある子どもの教育や障害者の権利等に関する、近年の米国や英国など諸外国での変革や国連の新たな動向がある。

しかしながら、2001年から10年と少しが経過した2013年の現在、例えば、小中学校の通常学級で6%を超えて存在するとされる、知的障害のない発達障害への本格的な対応、国連の提唱するインクルーシブ教育（第8章）に向けた改革、大学・大学院における教員養成と都道府県立の教育センターにおける現職教員研修のあり方（いわゆる6年一貫養成も含めて）、障害があるものの突出した能力を持つ子どもや知的能力が特に高い子どもなどへのいわゆるギフティッド（gifted and talented）教育の問題、そして、そもそもこの分野にどれくらいの投資をすればよいのかという費用対効果の問題などが、この国の未来に向けてどうしても解決しなければならない具体的課題として今まさに射程に入ってきた。

このような時期に、日本における障害のある子どもに対する教育の過去を振り返り、現在を見つめ、未来を展望することは非常に重要である。そして、一人一人の子どもの多様なニ育てていく仕掛けの一つとしての役割を演じる魅力を秘めていると考えたい。
本的なありようを考えていく際の一つの重要な視座であり、すべての人の夢と希望と幸せを
とかでもなく、また教育の範疇《はんちゅう》にとどまることもなく、日本というこの国で暮らす人々の基
ーズに応《こた》える特別支援教育が、もはや、障害があるとかないとかではなく、子どもとか大人

本書の特色を列記しておく。
(1)発達障害をはじめ、さまざまな障害全般を扱う。
(2)小中学校をはじめ、幼稚園や高等学校、大学、さらに、重度の障害の子どもが通う特別支援学校も扱う（学齢期から高等教育段階までのステージを扱う）。
(3)心理学、教育学、政策学（行政学）の各学問領域の視点から複合的に論じる。
(4)障害のある子どもの教育を、130年以上になる歴史的経過の振り返りから始め、近年の10年ほどの現状を紹介し、今後10〜20年先の将来を展望するまでを本書の射程とする。
(5)特別支援教育の一層の理解推進のためにも、教育関係者のみならず広く一般市民向けに、わかりやすい記述でコンパクトなものとする。
(6)中学生・高校生は、近い将来、社会に出て職に就いたり、高等教育機関においてさらに深く学んだりすることになる。これからの社会の中核的な担い手となる、彼らへのメッ

セージをひとつの章として、本書の最後に補章として載せる。

なお、筆者の前書である中公新書『学習障害（LD）――理解とサポートのために――』（2002年）では、タイトルを「学習障害（LD）」としたが、関連する注意欠陥多動性障害（ADHD）、高機能自閉症、アスペルガー症候群など、知的障害のない発達障害を含めて論じた。一方、本書は、さらに広げて、特定の障害種に特化せず、学習障害（LD）等の発達障害の他、さらに知的障害や身体障害等すべての障害について全体的に扱った。

また、本書は、2012年度、東京大学大学院（修士課程・博士課程）で行った講義「特別支援教育特論」がベースになっている（講義シラバスは、巻末の付録2を参照）。そして、巻末に「アドバンス問題集」を付けたが、これは、講義終了時の最終レポートとして大学院生に課したものを一部加筆修正したものである。この問題群は、特別支援教育の、根本的中核的な問題、歴史的に継続してきている重要な問題、今後の特別支援教育のありように深く関わる問題などから構成されている。本書では十分には扱いきれなかった、より発展的な事項である。特別支援教育をより深く学んでみたいと考える人は、ぜひチャレンジしてもらいたい。

目次

特別支援教育——多様なニーズへの挑戦——

序章　わが学校は学びやすいか、わが街は暮らしやすいか

この序章で、二つの問題提起をしてみたい。「わが学校は学びやすいか」と「わが街は暮らしやすいか」である。実は、この二つの問題は、特別支援教育の理念や基本的な考えを理解したり、後で解説する「共生社会」の実現を教育の視点から目指す任務を負っている特別支援教育の全体的な理解を助けたりすることに有効だと考えるからである。

「学校は」とか「街は」とはしないで、その前に「わが」と付したのは、誰かがプレーする様子を外野席から見たり批評したりしているという立ち位置ではなく、ともにプレーする一員として見てもらいたい、参画してもらいたいという願いをこめている。渦中に飛び込んでプレーをせずに、単に外から批評したり批判したりするだけにとどまってもらいたくないのだ。つまり、この二つの問題を、当事者としての視線で読み解き、問題の本質を考えていってもらいたい。また、そうすることで、問題がより現実的に見えてくるだろう。本書の全体的なスタンスもそこにある。

1　問題提起1：わが学校は学びやすいか
（障害のある子どもにとって、すべての子どもにとって）

今から10年以上前の2002年、「2010年の日本の小学校」と題して学校風景を描いた（拙著『学習障害（LD）――理解とサポートのために――』104～107ページ）。

以下の点が10年後には実現されているだろう、と書いたのである（全文は省略）。


⑴クラスが20名ほどの少人数学級であること。

⑵算数等、授業によっては複数の教師でチーム・ティーチングが行われていること。

⑶巡回相談員が学校に来て、子ども、担任教師、そして保護者への支援がなされること。

⑷一人一人の子どもの教育的ニーズに応じて、個別の指導計画を作成していること。

⑸保護者との面談で経過が話し合われ、次の学期の目標設定についても話題になること。

⑹学習上特別なニーズのある子どもの支援に関する校内委員会が設置されていること。

⑺特殊学級（注：現在は特別支援学級）から通常学級の教師へのサポートがある等、校内での支援体制が構築されていること。
⑻校外（教育委員会等）に専門委員会があり、子どもの詳しいアセスメント（実態やニーズの把握）を要求できること。
⑼通常学級の教師向けに「個別の指導計画の書き方」という研修が用意されていること。
⑽その研修講座は、近くの大学と教育センターとの共催プログラムであること。

２００１年頃に10年後を思い描いたわけであるので、２０１０年頃を想定したつもりだ。現在は２０１３年であるが、この時に記述した内容は、現在ではほぼ実現されていると考えてよい。つまり、それまでの特殊教育の時代と比べて、新たな特別支援教育の時代に、教室の中がどのように変貌《へんぼう》していくかを展望し、わかりやすく示そうとしたものであり、実際、10年足らずでそのような姿になったということである。

現在では、当たり前となった新たな仕組みや体制が、10年ほど前、つまり21世紀に入った当初までは、全く実現されていなかったということである。多くの困難を、子どもも教師も親も抱えていた時代であった。

そこで述べられている事項は、現在では、当たり前と思えるほど全国各地の学校で定着してきており、当時と比べれば、現在の学校は、発達障害も含めて、障害のある子どもにとって格段に学びやすい状態になっている。小学校のみならず中学校でも。

その一方で、以下のようなエピソードを紹介しておかねばならない。ここから、現時点での問題が見えてくるだけでなく、特別支援教育は、まだ完成しておらず、未熟な状態にとどまっていて、これからさらに継続して進化させていかなくてはならないものである、ということが見えてくる。そしてまた、特別支援教育のそのようなさらなる進化が、実は、障害のある子どもだけではなく、すべての子どもの学びや生活を豊かにする仕掛けであるとも思えてくるのである。なお、以下の4つの事例は、どれも、実際にあった複数のケースを加工して作成した仮想事例である。

学校事例(1)　幼稚園：軽度の知的障害

「年長組のAさんは、小さい頃から、他の子と比べて、言葉の話し始めが少し遅く、体を動かしたりするのが滑らかではなく、また、手先が不器用であるなど、何となく全般的に成長が遅れているように母親は感じている。1歳半検診や3歳児検診では、『ゆっくり成長しているが、問題はない』と言われてきた。来年は、小学校へ入学するということで、少し心配になっていると親は園長先生に相談した。園長先生から勧められて、専門の病院に行ったところ、知的障害と診断された。自宅の近くに、知的障害教育を行う特別支援学校があるが、幼稚園の友達と離れるのはよくないと親は考え、皆と一緒の小学校への就学を園長先生に申し出たところ、その場で了承された。幼稚園では、個別の指導計画が作成されていたが、半年後、入学した小学校では、個別の指導計画は作成されなかった。親は、幼稚園時代の計画書を見せて、継続して作成してほしいと担任に伝えたが、通常学級に在籍しているということが主な理由で、作成しない、と言われた」

この事例の問題点は、不器用や、全般的な発達の遅れがあるが、就学先の決定が、「その場で了承された」でよいのか（そんなに簡単に決めてしまってよいのか）、専門家の意見を踏まえた総合的な判断が必要なのではないかということと、個別の指導計画が小学校では作成されないこと（なぜ小学校では作成されないのか。保護者へのその理由の明確な説明はあったのか）、そして、学校と保護者との連携のあり方がそれでよかったのか、ということである。

学校事例(2)　小学校：学習障害（LD）

「Bさんは、聞くこと、話すことは問題ないが、読むことと、書くことに著しい困難を示す。小学4年生にもかかわらず、1～2年生の漢字がうまく書けない。その結果、算数の文章題が解けず、国語はもちろんのこと、理科や社会のテストも、問題の意味がわからず解けないことが多いようだ。担任の先生は、とにかく、繰り返し、ドリルで練習すればよいと考え、漢字の書き取りを4年生の該当漢字はもちろんのこと、1〜3年生の漢字も宿題でだしている。宿題は、やってきたり、やってこなかったりで、なかなか覚えていけないようだ」

この事例の問題点は、基本的な学習内容の習得が困難になっていること、その原因の把握（アセスメント）ができていないこと、教科学習の困難への指導の方略が繰り返し指導（ドリル）であること、宿題が単純な書き取りであること、宿題をやってきたりやってこなかったりというように学習習慣の形成や家庭との連携に問題があること、である。また、担任教師一人の考えと努力によっており、チームで対応策を考えていくという体制にはなっていないようだ。この事例は、後に、教育委員会の専門家チームから学習障害（LD）と判断された。

学校事例(3)　中学校：注意欠陥多動性障害（ADHD）

「小学校に入学した頃は、離席行動など、多動性や衝動性が頻繁に見られたが、高学年になる頃には、目立たなくなった。しかし、中学生になっても、計算の単純なミスや、漢字の書き方ミス、約束事の覚え違いなど、つい不注意なことをしてしまう。その結果、テストでもケアレスミスが多く、成績は振るわない。次第に勉強が嫌になり、最近、朝、目が覚めると、学校に行きたくない気分になることがあり、登校渋りが何日か続き、先週から一度も学校に行っていない。担任の先生からは、『発達障害があるのだから仕方がない。決して無理をせずに、学校に来たくなったらいつでも来なさい、待っているから』と言われ、その後、登校に向かわせるような特段の指導はなされておらず、このままでよいのかと、家族は不安を感じている」

この事例の問題点は、学習上のつまずきから勉強が嫌になり、不登校になってしまったこと、その原因を担任教師は発達障害があるから仕方がないと生徒に言ったこと、登校に向かわせるような特段の指導がないこと（あたかも不登校から脱却する本人の努力を待っているかのよう）、そのような状態で家族が不安になっていること、である。

学校事例⑷　高等学校：自閉症

「毎年、東京大学への進学者も多い高等学校の2年生のDさんは、この学校でトップクラスの成績である。最近、病院で自閉症と診断された。物事へのこだわりが非常に強く、対人関係も苦手で、些細《ささい》なことで友人や先生とよくトラブルになる。一人でする勉強はよいが、グループで行う問題解決や作業は、嫌いである。とにかく勉強はでき、模擬試験の結果もトップクラスであるので、希望する大学に進学していくだろうが、卒業後、就職して社会に出たときに、さまざまな困難に直面するのではないかと、教師も保護者も感じている。しかし、勉強が特にできるので、特別な対応への切迫した気持ちは、周囲の者は誰も持っていない」

この事例の問題点は、一人でする勉強は特段にできるが、グループ作業が苦手なこと、人間関係の苦手さがあることで教師も保護者も将来を不安に感じていること、しかし、勉強ができるので具体的な対応を周囲の者は誰もしていないことである。

以上4つの事例の共通点は、特別支援教育が、まだまだうまい具合に展開されていない状況があるということであり、特別支援教育の理念や基本的な考え、具体的な支援システムが普及し、そのうえで適切な指導支援がなされれば、解決される問題であると考える。つまり、障害のある子どもだけが問題なのではなく、対応のあり方も含めた「周りの環境」という問題も大きいのである。特別支援教育がうまい具合に推進されれば、学びやすい学校となるはずである。みなさんの居住地や職場の近くの身近な学校を、特別支援教育という視点から眺めてみよう。

2　問題提起2：わが街は暮らしやすいか

（障害のある子どもにとって、その家族にとって、そしてすべての人にとって）

以下の4つの事例は、この7～8年くらいの間に、一般市民が新聞に投稿したものである。

新聞投稿(1)

電車内で、車いすに乗った言葉の発声が困難な、重度の障害のある子を連れた母子が、女子大学生風の二人連れから、「マジ気分悪い、ああいう人がいるとホント不愉快」などと言われ、その二人連れは別の車両に移っていった。その様子を見ていた高校生が、その親子に対してあまりにもひどいのではないかと投稿（『東京新聞』への投稿〔東京都・16歳女子高校生〕、2007年7月19日朝刊）。

重度の障害のある子どものなかには、言葉の発声が困難で、「あーあー」とか「キー」といった音を精一杯に発して相手に伝えようとする子どもがいる。しかし、これは、いたしかたないことなのである。いや、できる限りの音で、何かを伝えようとしているのであって、いたしかたないことどころか、むしろ喜ばしいことなのである。そのことを知らないと、そのような音は、耳障りな奇声としか感じられないのであろう。このようなことを、その二人連れの女子大学生は、これまでの人生で、学ばなかったのであろうか。あるいは、家庭で、そのようなことが一切話題にならなかったのであろうか。そんななか、この高校生からの投稿は、一筋の光を与えてくれる。それはおかしいだろうという、当たり前の感覚を持った高校生が、新聞に投稿してくれたからである。

新聞投稿(2)

駅前のタクシー乗り場で、4歳の障害児を乳母車に乗せた母親が、タクシー運転手から乗車拒否された。「別の車に乗ってくれ」、と。このことについて母親が投書(『朝日新聞』への投書〔神戸市・42歳主婦〕、2006年5月4日朝刊)。

障害のある子どもを連れた母親が、タクシーを待っていたが、自分の順番がきたので乗ろうとしたときの状況である。乳母車が座室には入らないだろうと考えて、後ろのトランクを開けてほしいと懇願したにもかかわらず、開けてもらえず、結局、別の車に乗ってくれと言われて、タクシー運転手から乗車拒否されたということである。もし、運転手から、何かお手伝いできることはないかと、客に声をかけ、必要な支援をするというのが当たり前のこととして社内で教育されていれば、このようなことは起こりえない。

なお、路線バスやタクシーなど、人を乗せて目的地まで運ぶことを業務としている企業（事業社）は、乗せる人を差別してはならないということが、道路運送法（第三〇条）に示されており、このケースの場合、違法の可能性がある。なお、障害者に対する、このような乗車拒否は、最近では滋賀の路線バスでも起こっている。

新聞投稿(3)

小3の知的障害の娘が路上に寝転がってパニックを起こした。住民から、「人の家の前で騒ぐな」と叱《しか》られ、しかたなく障害者手帳を見せて謝り、やっと理解してもらえた。年齢相応に振る舞えない子がいたら、ほうっておいてほしいと訴える母親が投書（『朝日新聞』への投書〔東京都・42歳主婦〕、2005年9月7日朝刊）。

知的障害や自閉症など障害のある子どもの一部には、突然パニックになってしまい、場合によっては、地面に寝転がったり、大きな声で泣き叫んだりする場合がある。そのような状態になると、おさまるには時間がかかることもある。

そのような状態になったわが子をなだめていると、「人の家の前で騒ぐな」と言われ、大通りに連れていくと、今度は「人の店の前で騒ぐな」と言われたという。もし、そのような子どもが、往々にしてパニックになる可能性があることを知っていたら、怒りの発言は出なかったかもしれない。その子の母親は、障害者手帳を見せて謝り、やっと理解してもらえたという。そして、投稿の最後にその母親は、綴《つづ》っている。年齢と不相応に、泣いたり騒いだりしている子がいたら、そっとしておいてくれませんか、と。つまり、街でともに暮らす住民へささやかな援助を求めたのである。

新聞投稿(4)

東日本大震災後に設置された仮設住宅の壁が薄く、音が漏れることから、自閉症の子どもの出す声に近隣住民を気にして悩む母親。最近、やっと言葉が出始めたのに、無理にやめさせていいのか。母親が投書(特集:「仮設「音」に悩む」)(『読売新聞』2011年12月夕刊)。

やっと声や言葉が出始めた幼い自閉症の子を持つ親が、東日本大震災による仮設住宅住まいとなり、その壁が薄く音や声が漏れることに気を使い、住民に迷惑がかかるのではないか、でも、わが子のやっと出始めた声や言葉を制限したら、出なくなってしまうのではないかと思い悩む様子がうかがわれる。昼間ならよいが、夜は大きな音を出させない、大きな声で歌を歌わせない、という約束をするなどして家庭内で配慮するとともに、町内の住民にも説明してその子の特性を理解してもらうということも大切であろう。

以上の4つの新聞投稿記事にも、一つの共通点がある。それは、障害のある本人やその家族といった当事者の「周りの環境」がもう少し配慮的であり支援的であれば、ただそれだけで、障害のある子どももその家族も、その街で生きやすくなるのではないかということである。皆さんの暮らしている街を、障害者に優しいかどうか、という視点で眺めてみよう。

3　障害とは何か

以上、学校と街を、それぞれ4つの事例から、学びやすいか、暮らしやすいか、という視点で見てみた。同じ障害があったとしても、物理的、人的、社会的環境によって困難は大きく違ってくる、と言われている。つまり、障害とは、その「個人」だけの要因で生じるものではなく、「個人」と「環境」との相互作用で生じるものであり、環境をうまい具合に整えることによっても、困難を軽減することは可能である。場合によっては、困難をなくすこともできるかもしれないのである。

このような考え方は、今では、国際的な標準となっている。WHO（世界保健機関）が作成したICIDH（国際障害分類）が、ICF（国際生活機能分類）へ改訂されて、そのような考えが一層明確になった。「本人の努力」とともに「周りの環境の調整」が大切なのである（第1章で解説する）。そしてまた、障害は、（今の）自分にはなく、これからの人生においてもなく、また、自分の身近な人々にも決してない、ということではなく、逆に、障害は誰もが持ちうる、身近なものであるという考え方が重要である（補章「中学生・高校生の皆さんへの期待」で解説する）。

さらに、障害は、「治すもの（治療するもの）」と考えることが主だった時代があったとすれば、現代では、場合によっては、生涯にわたって「つき合っていくもの」という考え方も併せ持つことが大切である。しかも、〝いやいや〟ではなく〝楽しく〟、である。

そのような国際的な動向のなか、わが国は、「共生社会」（内閣府が提唱：障害者白書）の実現を目指している。つまり、〝誰もが人権を尊重され豊かに過ごしていける社会〟の実現に向けて取り組むのであり、中央省庁でいえば、厚生労働省、文部科学省、総務省、経済産業省、環境省などに広く関わる複合的で総合的な問題なのである。だから、内閣府の所管事項となっている。

このような「共生社会」の実現に向けて、教育にできることは多い。そして、将来の日本の街づくりや国づくりを、教育の分野において担っているのが、「特別支援教育」（Special Needs Education）なのである。

それでは、これから、日本において130年以上の歴史があり、21世紀になって大きくパラダイムチェンジがなされ、現在も日々進化する「特別支援教育」をめぐる旅を始めよう。

第I部　特別支援教育の誕生と始動

——現在を見つめる——

第1章　21世紀初頭のパラダイムチェンジ

――理念と基本的な考えの転換――

1　特別支援教育とは何か

特別支援教育とは、「従来の特殊教育の対象の障害だけでなく、LD（学習障害）、ADHD（注意欠陥多動性障害）、高機能自閉症を含めて障害のある児童生徒の自立や社会参加に向けて、その一人一人の教育的ニーズを把握して、その持てる力を高め、生活や学習上の困難を改善又は克服するために、適切な教育や指導を通じて必要な支援を行うもの」とされた（文部科学省が設置した調査研究協力者会議の最終報告〔2003年3月〕）。

これまでの特殊教育では、障害のある児童生徒の「障害の種類や程度」に特に注目してきたが、それらも含めて一人一人の「教育的ニーズ」をていねいに把握して対応していくことになった。つまり、障害の種類や程度のみならず、子どもの視点に立って一人一人をより多角的総合的に見ていこうとする考え方と方法の変化である。

また、報告の中では、学習面や行動面で困難を示す児童生徒が、小中学校の通常学級において6・3%の割合で存在するという全国調査の結果も示され、これまで十分な対応がなされてこなかったLD・ADHD・高機能自閉症等の児童生徒、つまり、知的障害のない発達障害への対応は「緊急かつ重要な課題」との認識も示された。この調査を企画・実施するということが、筆者が2001年に文部科学省に異動した際の最初の仕事であった（柘植、2005a）。2001年という年は、中央省庁再編が行われた年で、1月に文部科学省が誕生し、それまでの特殊教育課が新たに特別支援教育課となった。小泉改革の真っただ中であった。

なお、文部科学省は、2012（平成24）年12月に10年ぶりに再調査し、その結果を取りまとめて公表した。結果は、6・5%であった。この調査には筆者も関わった。

この2回の全国調査から、およそ6〜7%ほどの子どもが、そのような状態を示すだろうということがより確かになり、発達障害の一層本格的な理解と対応の必要性が確信できた。

このように、特別支援教育は、従来の特殊教育の対象や対応方法などを包含しつつも、そ

図1-1　学習面や行動面で困難を示す児童生徒の割合

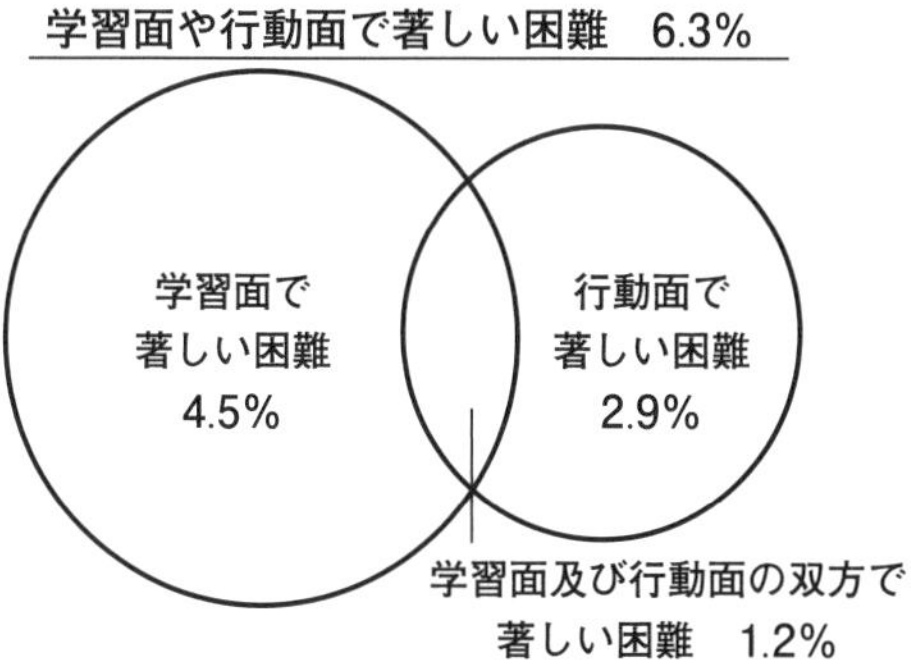

文部科学省による全国実態調査
（2002年2～3月に質問紙調査実施）の結果

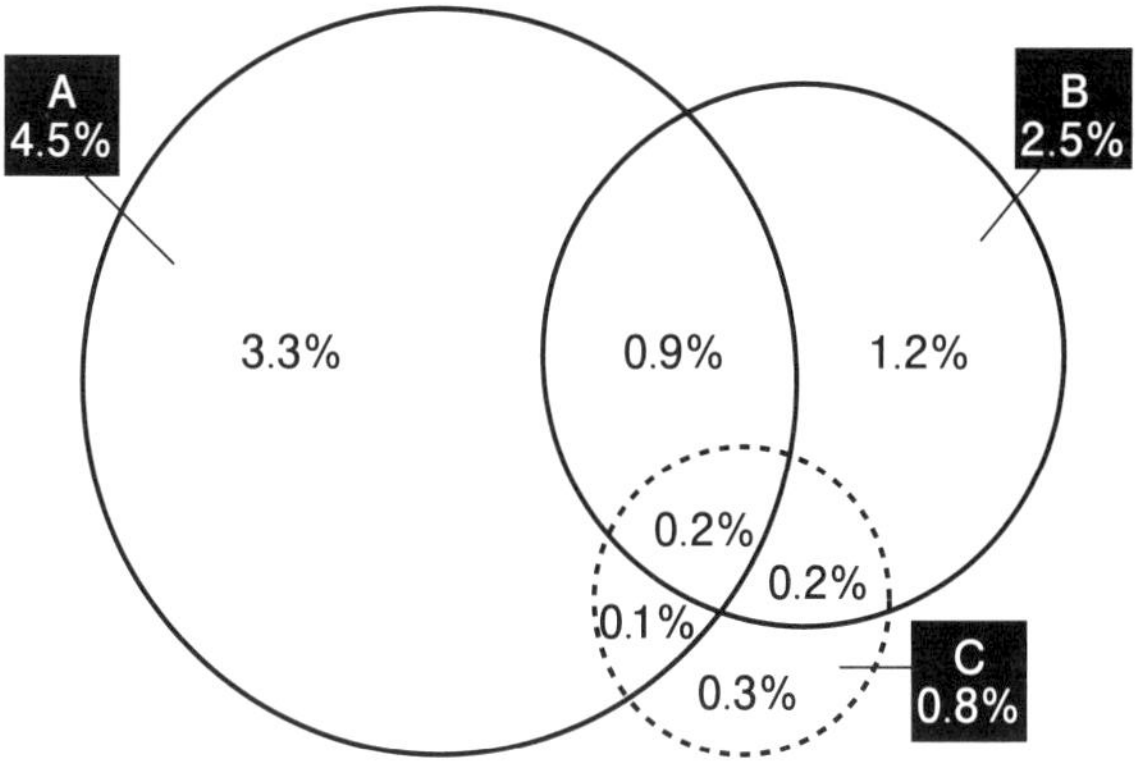

A:「聞く」「話す」「読む」「書く」「計算する」「推論する」に著しい困難を示す、B:「不注意」または「多動性-衝動性」の問題を著しく示す、C:「対人関係やこだわり等」の問題を著しく示す、の割合（文部科学省のガイドライン2004年1月から抜粋）。

この「6.3%」により、発達障害に関わる教育・福祉政策が本格的に始まった。

の考え方や対象は全く異なったものになったのであり、まさに大きな転換（パラダイムチェンジ）であった。

どれくらい大きな転換だったか、と問われれば、22世紀になって、日本の障害のある子どもの200年以上にわたる歴史を振り返った時、その創世から100年と少しが過ぎた頃（つまり、21世紀初頭）に非常に大きな転換がなされて、それを転機に、それまで100年以上続いた障害のある子どもに対する教育の考えや形から大きく変わっていった、と答えたい。そう100年後の歴史の本に書かれることになるだろう、とでもいうような表現があたっていると思う。

なお、特別支援教育への転換にあたって、さまざまな制度改正が行われた。2006年3月には、「通級による指導」の対象に新たにLD、ADHDのある児童生徒が加わった。同年6月の学校教育法等の改正により、従来の盲学校・聾学校・養護学校の制度を改めて、新たな特別支援学校に関わる制度が整備され、特別支援学校は、小中学校等で学ぶ児童生徒等への教育にも関わることとなった（特別支援学校のセンター的機能の発揮）。また、小中学校等においても教育上特別な支援を必要とする児童生徒等に対して、障害による学習上または生活上の困難を克服するための教育を行うこととされた。

表1－1　特別支援教育の対象者数の変化（2001年と2012年）

	2001年公表（2000.5.1現在）	2012年公表（2011.5.1現在）
小中学校		
通常学級（LD、ADHD、高機能自閉症等）	6.3%（注1）	6.5%（注2）
小中学校		
「通級による指導」	0.24%	0.62%
特別支援学級	0.63%	1.47%
特別支援学校	0.43%	0.62%
小計	1.30%	2.71%
合計	7.60%	9.21%
（義務教育段階の子ども総数）	1150万人	1055万人

※データは、文部科学省が発行する特別支援教育資料から抜粋。ただし、（注1）は2003年3月公表、（注2）は2012年12月公表。いずれも文部科学省調査
※6.3%及び6.5%には、通級による指導を受けている者も含まれていることから、「合計」はその分が二重に加算されていることに注意

現在、特別支援教育の対象となっている子どもの割合は、表1－1に示すとおりである。

それによると、小中学校で学ぶ子どもの総数は、この10年あまりで100万人ほど減っているのにもかかわらず、特別支援教育を受けている子どもの割合は、7・60%から9・21%へと2%（2ポイント）ほど増えている。特に、通級による指導の割合が3倍近くに、特別支援学級が2倍ほどに増え、特別支援学校が1・5倍ほどに増えている。このように、「通級による指導」、特別支援学級、特別支援学校ともに、そこで学ぶ子どもは増えているが、特別支援学校で学ぶ子どもの割合（0・62%）の3倍以上の子ども（2・09%）が小中学校の「通級による指導」や特別支援学級で学んでいて、さらに、もしこれに通常学級

で学ぶ発達障害の子ども（6・5％）を加えると、もはや、特別支援教育の主たる学びの場は、特別支援学校ではなく、小中学校であるということがデータから理解できる。

2　障害とは何か

これまでの障害観

世界保健機関（WHO）は、主に医師が診断時などに用いる国際疾病分類（ICD：International Classification of Mental and Behavioural Disorders）をほぼ10年ごとに改訂してきて、現在、第10版であるICD-10に至っている。これとは別に、1980年に、WHOは国際障害分類（ICIDH：International Classification of Impairment, Disability, and Handicap）を発表した。これは、医師のみならず、保健、福祉、教育、労働など、広く障害に関わる者がその業務遂行において活用している。

ICIDHでは、障害は三つのレベルで説明された。

①インペアメント（impairmen　機能・形態の障害）：生物学的レベルの問題で、明らかな形

態の異常や損傷・傷害による機能的不全としての障害を意味する。

②ディスアビリティ（disability　能力の障害）：個人差レベルの問題で、能力的な面での障害を意味する。

③ハンディキャップ（handicap　社会的不利）：社会的レベルの問題で、その特性や特異性への理解や配慮不足、不適切な対応などによって引き起こされる社会的な不利を意味する。

したがって、「障害」という言葉を聞いたとき、それが、この3つのレベルのどの意味で使われているかを知る必要がある。そしてまた、使うときにも同様である。すでに、本書でも、「障害」という言葉が何度も登場する。そのつど、考えてみてほしい。

新たな障害観

2001年に、WHOはICIDHを改訂し、国際生活機能分類（ICF：International Classification of Functioning, Disability and Health）を発表した。今日では、このICFの障害の捉《とら》え方が、グローバル・スタンダードといえるだろう。

図1-2は、ICFの構造図である。「生活機能と障害」、「背景因子」という2つの部門があり、前者には「心身機能と身体構造」「活動と参加」、後者には「環境因子」「個人因子」

図１-２　WHO国際生活機能分類（ICF）

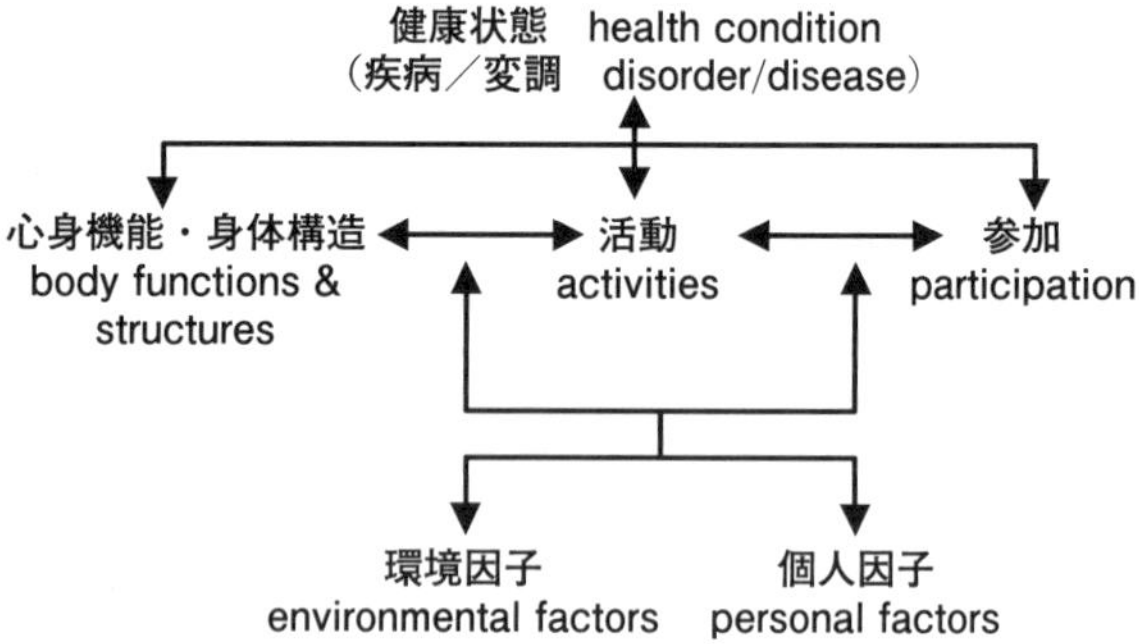

という構成要素がある。各要素はさまざまな領域からなり、領域はさらにカテゴリーに分かれ、それが分類の単位となる。そして、各々のカテゴリーごとに評価点を与え、個人の健康状態と健康関連状況を記録することができる。

ＩＣＩＤＨからＩＣＦへの改訂は、障害のマイナス面の分類から生活機能というプラス面への視点の転換であり、さらに環境因子等の観点を加えたところに特徴がある。これによって、人間の生活機能と障害に関する状況の記述が可能になり、障害とは活動をするうえでの制限（活動制限）であり、参加をするうえでの制約（参加制約）であるとされる。

制約の状況は、環境のあり方（バリアフリーかどうかなど）や個人の状況（サポートの有無など）によって変化するので、環境因子と個人因子が制約に関わる因子として定義に含められた。こうした転換の背景は、障害を理解するうえで最も大切なことは「個々のニーズに応じた支援」を知ることであるという考え方につながっていくのである。

なお、特別支援学校の新学習指導要領にもＩＣＦの記述が盛り込まれた（総則）。このように、国連加盟各国は、自国の教育、福祉、医療などの障害者政策を具現化していく際に、ＩＣＦの影響を受けることになる。

「共生社会」の実現を目指す日本

そのような国際的な動向のなか、わが国は、共生社会の実現（内閣府）を目指している。〝誰もが人権を尊重され豊かに過ごしていける社会〟の実現に向けて取り組むことは、中央省庁でいえば、厚生労働省、文部科学省、総務省、経済産業省、環境省などに広く関わる複合的で総合的な問題である。そのために、教育にできることは多い。そして、教育では、それを、「特別支援教育」が担っている。

表1-2　特別支援教育に関係のある主な法律等で近年になって成立または改正されたもの

・障害者基本法	（平成16年6月改正、平成23年8月改正）
・発達障害支援法	（平成16年12月成立、平成17年4月施行）
・障害者自立支援法	（平成17年12月成立、平成18年4月施行）
・学校教育法施行規則	（平成18年3月改正、平成18年4月施行）
・学校教育法	（平成18年6月改正、平成19年4月施行）
・高齢者障害者移動円滑化促進法（新バリアフリー法）	（平成18年6月成立）
・教育基本法	（平成18年12月改正、12月施行）
・学校教育法施行令	（平成19年3月改正、4月施行）
・障害者総合支援法	（平成24年6月成立、平成25年4月施行）※障害者自立支援法の改正に伴い、題名が変更された。

3　法的整備

以上のような、特別支援教育への転換に伴い、種々の法的整備が近年なされた（表1-2参照）。主なものを以下に紹介する。ただし、法令などは継続して改正が行われている。

先の教育基本法の改正により、障害のある者に対する教育の必要性が初めて明記された。わが国の教育の最高位に位置する本法律に規定されたことの意義は大きい。規定された条文は次のとおりで、教育の機会均等を扱った第四条の第2項に示された。

教育基本法

（教育の機会均等）　第四条

2　国及び地方公共団体は、障害のある者が、その障害の状態に応じ、十分な教育を受けられるよう、教育上必要な支援を講じなければならない。

小中学校等における特別支援教育の根拠は、学校教育法に盛り込まれた。次の第八十一条である。

学校教育法

第八十一条　小学校、中学校、高等学校、中等教育学校及び幼稚園においては、次項各号のいずれかに該当する児童、生徒及び幼児その他教育上特別の支援を必要とする児童、生徒及び幼児に対し、文部科学大臣の定めるところにより、障害による学習上又は生活上の困難を克服するための教育を行うものとする。

これによると、小学校、中学校のみならず、高等学校、中等教育学校、幼稚園も特別支援教育の対象となり、障害として学校教育法に規定された障害の他、「教育上特別の支援を必要とする児童、生徒及び幼児」に対して、「障害による学習上又は生活上の困難を克服するための教育」を行うものとされ、知的障害のない発達障害、すなわち、学習障害（ＬＤ）、注意欠陥多動性障害（ＡＤＨＤ）、高機能自閉症、アスペルガー症候群などがその対象となったのである。

特別支援教育への転換に伴い、これを含む学校教育法等の多数の条文が修正された。これを踏まえて、通知「特別支援教育の推進について」（33〜34ページ）が示された。これは特別支援教育への制度改正が施行された平成19年4月1日付のものであり、特別支援教育の理念、校長の責務、体制整備など、必要な事項が具体的に述べられている。

新たな特別支援教育においては、ＬＤ、ＡＤＨＤ、高機能自閉症等、知的障害のない発達障害が対象に加わったが、時期を同じくして、発達障害のみを対象にした発達障害者支援法（35〜37ページ）が成立・施行した。発達障害者支援法は、わが国としては初めて、発達障害の定義や教育等の必要性等について規定した法律であり、21世紀になって特殊教育から特別支援教育への転換や、発達障害の理解啓発、発達障害の子どもへの指導・支援の本格的な開始など、この法律の与えた影響は教育のみならず、福祉、医療、労働など計りしれない。

特別支援教育の推進について（通知）平成19年４月１日

各都道府県教育委員会教育長　殿
各指定都市教育委員会教育長　殿
各都道府県知事　殿
附属学校を置く各国立大学法人学長　殿

文部科学省では、障害のある全ての幼児児童生徒の教育の一層の充実を図るため、学校における特別支援教育を推進しています。

本通知は、本日付けをもって、特別支援教育が法的に位置付けられた改正学校教育法が施行されるに当たり、幼稚園、小学校、中学校、高等学校、中等教育学校及び特別支援学校（以下「各学校」という。）において行う特別支援教育について、下記により基本的な考え方、留意事項等をまとめて示すものです。

都道府県・指定都市教育委員会にあっては、所管の学校及び域内の市区町村教育委員会に対して、都道府県知事にあっては、所轄の学校及び学校法人に対して、国立大学法人にあっては、附属学校に対して、この通知の内容について周知を図るとともに、各学校において特別支援教育の一層の推進がなされるようご指導願います。

なお、本通知については、連携先の諸部局・機関への周知にもご配慮願います。

1. 特別支援教育の理念（省略）
2. 校長の責務（省略）
3. 特別支援教育を行うための体制の整備及び必要な取組（省略）
　⑴特別支援教育に関する校内委員会の設置
　⑵実態把握
　⑶特別支援教育コーディネーターの指名
　⑷関係機関との連携を図った「個別の教育支援計画」の策定と活用

⑸「個別の指導計画」の作成
⑹教員の専門性の向上
4.特別支援学校における取組（省略）
⑴特別支援教育のさらなる推進
⑵地域における特別支援教育のセンター的機能
⑶特別支援学校教員の専門性の向上
5.教育委員会等における支援（省略）
6.保護者からの相談や早期からの連携（省略）
7.教育活動等を行う際の留意事項等（省略）
⑴障害種別と指導上の留意事項
⑵学習上・生活上の配慮及び試験などの評価上の配慮
⑶生徒指導上の留意事項
⑷交流及び共同学習、障害者理解
⑸進路指導の充実と就労の支援
⑹支援員等の活用
⑺学校間の連絡
8.厚生労働省関係機関等との連携（省略）

発達障害者支援法

（目的）

第一条　この法律は、発達障害者の心理機能の適正な発達及び円滑な社会生活の促進のために発達障害の症状の発現後できるだけ早期に発達支援を行うことが特に重要であることにかんがみ、発達障害を早期に発見し、発達支援を行うことに関する国及び地方公共団体の責務を明らかにするとともに、学校教育における発達障害者への支援、発達障害者の就労の支援、発達障害者支援センターの指定等について定めることにより、発達障害者の自立及び社会参加に資するようその生活全般にわたる支援を図り、もってその福祉の増進に寄与することを目的とする。

（定義）

第二条　この法律において「発達障害」とは、自閉症、アスペルガー症候群その他の広汎《こうはん》性発達障害、学習障害、注意欠陥多動性障害その他これに類する脳機能の障害であってその症状が通常低年齢において発現するものとして政令で定めるものをいう。

2　この法律において「発達障害者」とは、発達障害を有するために日常生活又は社会生活に制限を受ける者をいい、「発達障害児」とは、発達障害者のうち十八歳未満のものをいう。
3　この法律において「発達支援」とは、発達障害者に対し、その心理機能の適正な発達を支援し、及び円滑な社会生活を促進するために行う発達障害の特性に対応した医療的、福祉的及び教育的援助をいう。

（教育）
第八条　国及び地方公共団体は、発達障害児（十八歳以上の発達障害者であって高等学校、中等教育学校、盲学校、聾学校及び養護学校に在学する者を含む。）がその障害の状態に応じ、十分な教育を受けられるようにするため、適切な教育的支援、支援体制の整備その他必要な措置を講じるものとする。
2　大学及び高等専門学校は、発達障害者の障害の状態に応じ、適切な教育上の配慮をするものとする。

（児童の発達障害の早期発見等）
第五条　市町村は、母子保健法（昭和四十年法律第百四十一号）第十二条及び第十三条に規定する健康診査を行うに当たり、発達障害の早期発見に十分留意しなければならない。
2　市町村の教育委員会は、学校保健法（昭和三十三年法律第五十六号）第四条に規定す

る健康診断を行うに当たり、発達障害の早期発見に十分留意しなければならない。

また、特別支援学級の設置にあたって、自閉症は、これまでは情緒障害の中の一つとして扱われてきた。つまり、情緒障害特別支援学級等の名称が用いられ、その中で自閉症も指導が行われてきた。しかし、通知により、児童生徒一人一人のニーズに応じた適切な指導が行われてきていることから、自閉症・情緒障害特別支援学級という名称としていくことになった。

以上のように、教育基本法や学校教育法の改正により、障害のある子どもに対する教育の根拠が明確になり、通知等によりその具体像が示された。また、発達障害者支援法は、わが国において初めて発達障害の定義や教育の必要性等が明記され、その後の特別支援教育の推進に大きく貢献した。さらに、自閉症については、情緒障害との切り分けなど、その位置づけが少しずつ明確になってきた。

第2章　システム構築とマネジメント手法
——学校と自治体における推進の技法——

1　特別支援教育を推進するシステム構築の意義

特別支援教育を推進するにあたっては、まずは校内体制づくりとその機能化が重要であり、新学習指導要領（解説）にも明記されたところである。

特別支援教育の推進はこれまでの特殊教育とは異なり、障害のある児童生徒のみならずすべての子どもの学びや生活に貢献するものであり、学校づくりにはなくてはならないものである、と期待されている。「確かな学力の向上」「不登校の削減」「いじめの撲滅」、さらには安全で、安心で、楽しい、豊かな学校生活、これらが現在のわが国の教育全体に課せられた課題であるとすれば、それらに特別支援教育が大きく関わり貢献するのである。実際、特別支援教育を早い時期から推進した学校の管理職からは、そのような声がよく聞こえてくる。

その一方で、特別支援教育の理念や基本的な考え・理解が不十分であったり、あるいは右記のような認識が十分ではなかったりする場合や、校内体制をつくったものの十分には機能していない、といった声もわずかに聞こえてくる。校内体制がうまく機能しないと、その学校の通常学級担任が苦戦してしまい、精神的にも身体的にも疲れ果ててしまうことになるかもしれない。指導法や学級経営などで悩み、教師のメンタルヘルスにも大きく影響するのである。

校内体制を機能化させ、より良い特別支援教育を実現するためには、ＰＤＣＡサイクル（計画、実行、評価、改善の手順で考えること）で一つずつできるところから着実に進めるという手法は無理がないだろう。何がどのように機能しているか、いないのかを振り返ることが大切である。そして、一人一人の児童生徒の学びや生活の質の向上に向けて、着実に改善していこうという意識と具体的な行動が何より大切である。

なお、特別支援教育の適切な推進は、新学習指導要領（解説）にも明記され、発達障害者支援法等にも関連事項が明記されたことから、小中学校等における特別支援教育に対応する校内体制づくりは、もはや「するか、しないか、を考える」といった事項ではなく、法的根拠に基づいて行わなくてはならないものであるという認識を持つ必要がある。

２　システムの構造と整備状況

必要な事項は以下のとおりであり、それらの事項を一つのシステムとして総合的全体的につないで機能させていくことが大切である。詳しくは、小学校、中学校の学習指導要領解説（総則）に記載されている。また、具体的な方法については、文部科学省によるガイドライン、「小・中学校におけるＬＤ（学習障害）・ＡＤＨＤ（注意欠陥多動性障害）・高機能自閉症の児童生徒への教育支援体制の整備のためのガイドライン（試案）」（２００４）を参照してもらいたい。

特別支援教育コーディネーター

校内の特別支援教育推進のキーパーソンであり、校内の特別支援教育委員会をハンドリングし、校外の専門機関や専門家との連絡調整の窓口となったり、保護者への支援や連携の窓口となったりもする。また、近年、発達障害のある児童生徒が学ぶ通常学級における日々の授業へのコンサルテーションを期待される場合もあり、誰をコーディネーターとして指名するかは、その学校の実情や考えなどを十分に考慮することが大切である。

（特別支援教育推進のキーパーソン。校内の司令塔。英国では、ＳＥＮＣｏ Special Educational Needs Coordinator）

校内における特別支援教育推進の委員会

校内の児童生徒の実態把握を行い、情報を収集管理し、共通理解のもとで必要な対応策を検討する。その後の進捗《しんちょく》状況を把握し、その過程で、必要に応じ、「個別の指導計画」や「個別の教育支援計画」を作成することになる。この委員会がうまく機能しないという場合は、既存の委員会の下部委員会（下部組織）として位置づけるのではなく、当面は、独立したものとして位置づけると、実際の作業遂行上も、また他への広報上においても有効だろう。

（気づきと実態把握、指導計画の作成、モニター、など）

発達障害の理解や対応などに関する職員の校内研修会

教職員の理解推進や指導法の知識・技術の習得は急務であり、教育委員会や教育センターが実施する研修会とは別に、各学校においては当面、特別支援教育に関する必要な研修を、年度を通して計画的に実施することが必要であろう。

「個別の指導計画」の作成（必要に応じて）

「通級による指導」や特別支援学級の児童生徒のみならず、必要に応じて通常学級で学ぶ発達障害などさまざまな障害のある児童生徒にも、「個別の指導計画」を作成して、計画的継続的な指導が必要である。なお、3年目を迎えた2009年の全国学力テストで、各学校の調査シートに、「発達障害など障害のある児童生徒のために、『個別の指導計画』を作成しているか」という問いが含まれていたことに注意したい。

（新学習指導要領に明記される。欧米では、IEP〔Individualized Education Programme〕ということが多い。第8章で詳しく述べる）

「個別の教育支援計画」の作成（必要に応じて）

より長期にわたり、教育のみならず医療、福祉、労働などの複数の関係領域の機関などと連携して作成するこの計画には、作成時から保護者の参画が求められることに注意したい。

（新学習指導要領に明記される）

「通級による指導」（通級指導教室）や特別支援学級

校内に「通級による指導」（いわゆる通級指導教室）や特別支援学級がある場合は、それらは校内の特別支援教育の推進に重要な役割を果たすことから、通常学級で学ぶ他の児童生徒の教育やその担任との連携が、今後ますます重要になっていくだろう。

保護者への積極的な情報提供と連携

特別支援教育の理念や基本的な考え、特別支援教育コーディネーターのことや、新たに始まった指導や支援の内容、「個別の指導計画」や「個別の教育支援計画」のことなど必要な情報を、個別面談やPTAの会合、ニュースレターなどを通じて、積極的に提供していく姿勢が信頼関係を増し、ひいては学校の取り組みを理解し協力体制を築くことにつながるであろう。発達障害者支援法では、そのような権利擁護（アドボカシー）に関する事項が盛り込まれている。

巡回相談や専門家チームの活用

学校内の関係者だけでは困難な問題に直面したり、より専門的なアドバイスが必要なったりした時には、現在では、どの都道府県においても専門家による巡回相談や専門家チームに依頼することが可能である。そのような専門家を有効に活用する体制づくりもしておく必要がある。

文部科学省は、２００３（平成15）年から毎年、特別支援教育推進のための体制整備の状況を調査し、Ｗｅｂサイトで公表している。

46ページの図2-1〜2-3は、イタリアで開催された第36回国際学習障害アカデミー（ＩＡＲＬＤ）年次大会において、筆者がポスター発表「21世紀初頭の日本における障害のある子どもの教育のパラダイムチェンジに伴う新たなシステムの構築過程に関する研究——２００３〜２０１１年の全国調査の分析——」を行う際に作成した図である。

この発表時に、質問・意見が各国の参加者から寄せられた。主なものを紹介する。

○「日本の大規模な特別支援教育改革に伴う着実な発展がみられる貴重なデータだ」

○「『個別の指導計画』『個別の教育支援計画』の値が緩やかで、10年近く経過しても１００％に達していないが原因（理由）は何か（どの国でもＩＥＰはとても重要だが、このような状態だということは、日本の今回の改革はまだ成功の域に達していないと考えるのか）」

○「同様のシステム構築を行い同様のデータがある他国との国際比較をすべきだ」

図 2-1　公立小中学校における特別支援教育体制の整備状況に関する経年変化（2003 ～ 2010）

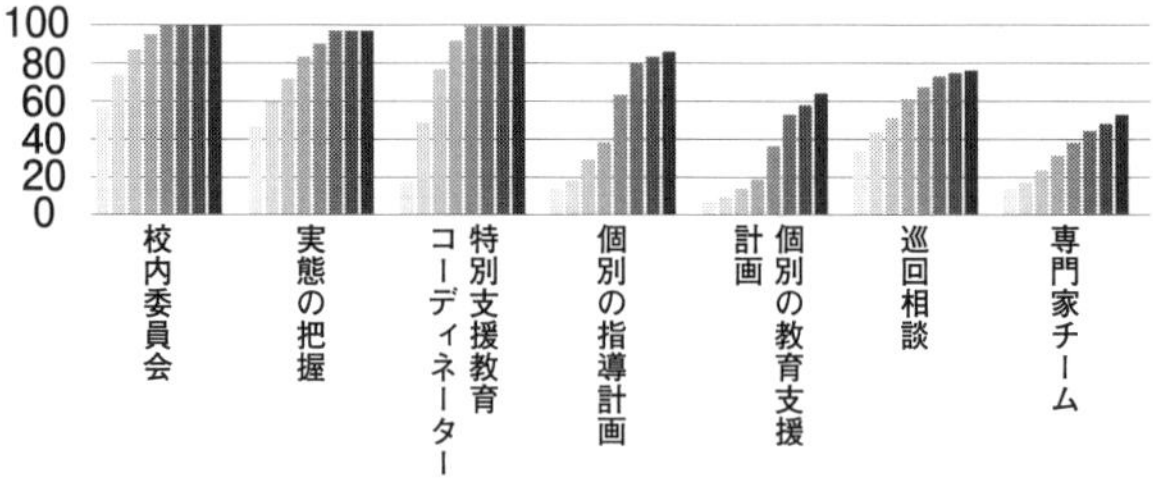

図 2-2　公立小学校における特別支援教育体制の整備状況に関する経年変化（2003 ～ 2010）

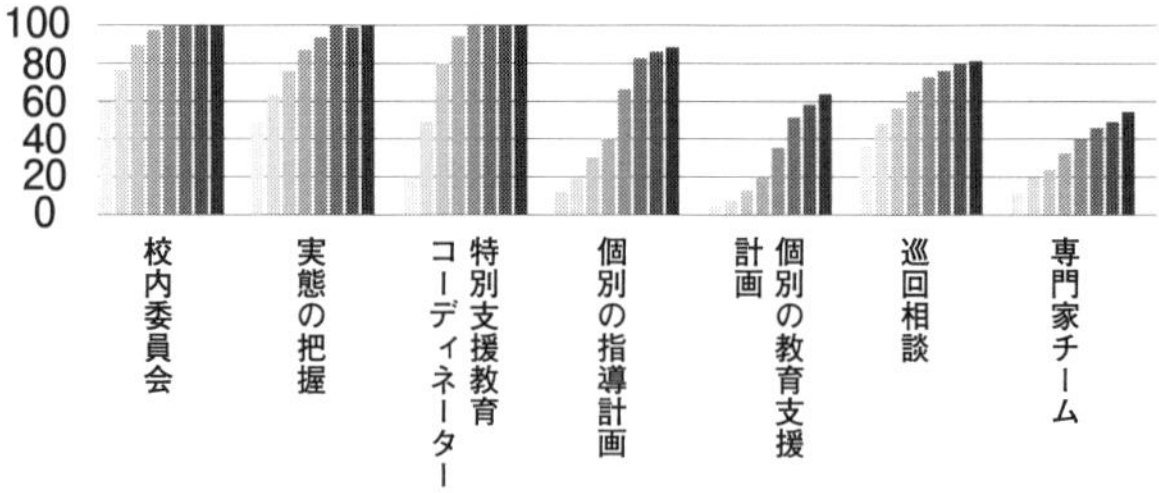

図 2-3　公立中学校における特別支援教育体制の整備状況に関する経年変化（2003 ～ 2010）

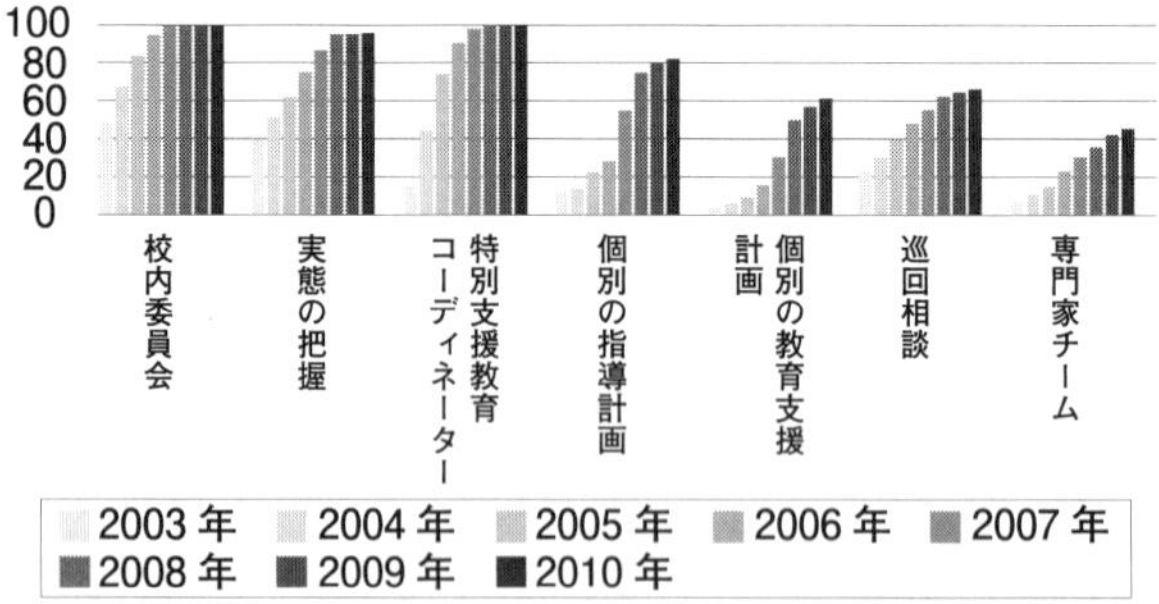

3　システムの運用と評価

学校経営計画と特別支援教育

年度初頭に作成する学校経営計画に、特別支援教育に関する事項を盛り込むことになる。当然ではあるが、通級による指導（通級指導教室）や特別支援学級が設置されていない学校であっても、盛り込むことになる。なぜなら、特別支援教育は、通級による指導（通級指導教室）や特別支援学級で行うものではなく、学校全体として取り組むべきことだからである。

ここでは盛り込む内容の選定が重要であり、その具体例としては、以下の事項が考えられる。

(1)体制整備に関する事項

特別支援教育コーディネーターの指名と役割

特別支援教育に関わる校内委員会の設置と運用

特別支援教育に関する校内研修会の企画と実施

⑵関係者・関係機関との連携に関する事項

外部の専門家や専門機関との連携

保護者との連携と支援

⑶指導の内容や方法に関する事項

「個別の指導計画」に関すること

「個別の教育支援計画」に関すること

障害のある子どもの学びなど、成長に関すること

障害のない子どもへの理解推進に関すること

ある小学校では、学校の現状および前年度の成果と課題として、特別支援教育の充実を柱として掲げ、全校で特別支援教育に取り組む体制ができること、個別の支援計画作成のために関係諸機関と連携を図ること、が記載されている。また、別の学校では、特別支援教育充実の柱として、個別の指導計画の導入と社会的自立の基礎を養う指導の充実、障害の程度に応じた効果的な指導の工夫、全校体制による特別支援教育の理解、保護者や関係機関との連携を密にした指導の充実、が記載されている。

ある中学校では、一人ひとりの「生きる力」を培うために、特別支援教育を一層推進し、自尊感情を高める、と記載している。そのうえで、当該年度の教育活動の目標と方策として、(ア)校内委員会を週1回設定し、スクールカウンセラーや大学院と連携して、個別の指導計画の作成と実施、個別の教育支援計画の策定と支援、(イ)特別支援学級と通常学級との交流の推進、(ウ)市の副籍事業の推進、(エ)特別な支援を必要とする児童生徒について、小学校との協議会を学期1回開催し、共通理解と支援方法の検討および共通支援シート作成、が掲げられている。

ある高等学校では、特別支援教育の充実を図り、指導方法の工夫を他の生徒への取り組みに生かす、と記述している。また別の学校では、特別支援教育総合推進事業の取り組みを進め、成果を広く発信する、とある。特別支援教育コーディネーターを、教育相談室と各学年をつなぐ中心に置いて機能化を図る、とある。

年間計画の作成

まず、特別支援教育に関わる全体的な年間計画は、学校経営計画を実現するための具体的な設計図（行動計画）であり、全体的な推進のミッション（使命、存在意義）とビジョン（将来像、目指す姿）が、そして、個々の事項の具体的な方法とスケジュールが記述される。

次に、特別支援教育に関わる内容ごとの年間計画として、校内支援体制の充実や運用の年間計画では、特別支援教育に関する校内の委員会の開催、児童生徒への理解啓発、教職員の研修などが記述される。そして、校内に通級指導教室が設置されている場合は、通級による指導の年間計画として、目標、教育課程、指導方法、通常学級における配慮などが記述される。また、特別支援学級が設置されている学校では、その年間計画として、学級目標、教育課程、指導方法、「交流及び共同学習」などが記述される。

学校評価と特別支援教育

学校評価は、年度当初に掲げた目標と計画に沿った学校経営がどのように進捗し、成果をあげたかを把握し、その結果を取りまとめ、広く公表するために行われる。つまり、振り返りとさらなる成長に向けた作業の一つとして位置づけられるものである。

学校評価を実際に行うためには、学校評価の実施の意図と方法を検討する必要がある。また、その際には、学校の設置主体である自治体等の教育政策の戦略等も踏まえて検討することになる。具体的に、評価項目を作成するにあたっては、文部科学省による手引きや、各自治体が作成している手引きを参考にすることになる。評価項目については、小中学校等の場合は、例えば、特別支援教育システムの構築や充実に関する事項、理解推進に関する事項、障害のある子どもの成長（学習や生活）に関する事項などが考えられる。評価は、基本的には、自己評価と他者評価からなる。

まず、自己評価は、学校内の職員による評価であり、年度末などに、あらかじめ用意した項目に沿って各教職員等が行い、集計して、学校としての自己評価の資料とする。一方、他者評価は、学校評議員による評価の他、学校によっては、学校内の子どもによる評価、子どもの保護者による評価、学校の近隣の地域住民からの評価、外部の専門家による評価などが考えられる。目的や必要、地域の実情等に応じて行うことになる。

結果の公表は重要であり、目的や必要性を踏まえた公表のあり方を検討し、公表していくことが大切である。近年、説明責任が叫ばれてきたが、それだけではなく、最近では結果責任についても言及されている（例えば、中央教育審議会）。具体的な方法としては、従来からの学校通信や、学校要覧、ＰＴＡ総会などがあるが、学校のＷｅｂサイトで公表する学校も増えている。また、各学校の公表とともに、例えば、校長会や教育委員会などにより、地域の学校の結果を集約して、全体的に公表することも考えられる。

校内支援体制の構築が焦点の一つともなった裁判

静岡地裁で、２０１１（平成23）年12月に判決が示された。２００４年に新採用となり、小学校に着任したばかりの若い女性教師が、6カ月後に自ら命を絶った。それが公務災害と認定されるかどうかが争われた裁判の判決であった。

教師になって初めて担当したクラスに、多動性や衝動性が顕著な子どもがいて、その対応にも苦慮していたということ、学級経営がうまくいかなかったこと、その教師がそのような状態になっていることを管理職や他の何人かの教師は知っていながら適切な支援がなされなかったこと、他の教師が連携してその教師を支える体制がなかったこと、何よりも、校内には特別支援教育を推進する体制が整備されていなかったことなどが、裁判によって明らかになっていったという。そして判決は、公務災害と認定したのである。

実は、その2004年当時は、すでに、学習障害（LD）、注意欠陥多動性障害（ADHD）、高機能自閉症等、知的障害のない発達障害のある子どもへの対応が喫緊の課題として取り上げられ、テレビや新聞などでも頻繁に報道されており、国や各自治体がさまざまな取り組みを展開し始めていた矢先の出来事であった。

もう少し具体的に述べると、2004年1月には、文部科学省が作成した特別支援教育推進のためのガイドライン（小中学校におけるLD〔学習障害〕、ADHD〔注意欠陥多動性障害〕、高機能自閉症の児童生徒への教育支援体制の整備のためのガイドライン〔試案〕）がすでに公表され、ただちに、全国のすべての小中学校等に配布され、文部科学省のWebサイトにも公表され、書籍としても販売された。そこには、特別支援教育の推進のための校内支援体制の構築の意義や方法が記述されていた。このガイドラインを受けて、全国各地の学校では、体制整備の構築に向けて取り組んでいた。

また、その前年の2003年3月には、文部科学省による全国実態調査により、小中学校の通常学級に、学習面や行動面で著しい困難を示す児童生徒が6・3％の割合で存在していることも公表され、全国のテレビや新聞で報じられると、大きな反響を呼んだ。

特別支援教育は、担任一人が思い悩み、一人で尽力して行うものではない。校長等の管理職のリーダーシップのもと、校内の支援体制を構築し、学校として全体的総合的に対応していくことが基本である。全国のすべての小中学校等で、特別支援教育を推進するための体制整備を行い、特別支援教育を適切に推進していくこと、これを怠ってはいけないのである。

大学を出たばかりで、教師になるのを夢見、待ちに待った教師生活を始めた矢先に、自ら命を絶つ、というような、あまりにも悲しい事件を決して繰り返してはならない。

4　ニーズ、サイエンス、パートナーシップ

以上、特別支援教育推進のためのシステムの内容やその構築などについて述べてきたが、第1章で述べた、その理念や基本的な考え、さらに、第3章や4章で述べる、具体的な指導・支援のあり方を含めて、特別支援教育の特徴を一言で言うと、ニーズ、サイエンス、パートナーシップである（柘植、2012a）。

「ニーズ（needs）」

「特別支援教育とは、従来の特殊教育の対象の障害だけではなく、LD、ADHD、高機能自閉症を含めて障害のある児童生徒の自立や社会参加に向けて、その一人一人の教育的ニーズを把握して、その持てる力を高め、生活や学習上の困難を改善又は克服するために、適切な教育や指導を通じて必要な支援を行うものである」（文部科学省）と示されている。これは、理念や基本的な考え方の大きな転換であった（柘植、2004）。

従来の特殊教育では、このようなニーズという視点はなく、障害のある児童生徒の、障害の種類と程度に特に注目し、対応をしていくというものだった。それが、21世紀になり、2001年1月に示された、「21世紀の特殊教育の在り方について（最終報告）」（文部科学省が設置した調査研究協力者会議）の副題が、「一人一人のニーズに応じた特別な支援の在り方について」というものであり、障害のある子どもの教育に関する国の報告で、初めて「ニーズ」の語が使われた。大きな考え方の転換であり、その後の特別支援教育制度への転換へとつながった（柘植、2008）。

まず、一人一人のニーズを踏まえるということが大切である。特に教育に関わる分野では、教育的ニーズを把握することが中核となる。つまり、アセスメントの重要な事項として、障害の種類と程度のみならず、障害から生じる種々の困難、日々の学習の状態や、場合によっては本人の思いなども踏まえて、総合的に把握して計画を立て、指導・支援を進めていくことが大切である。

このことは、就学先の決定のプロセスにおいても同様で、単に障害の種類と程度で、就学先や教育サービスの内容を決めるのではなく、広く教育的ニーズを把握し、それを踏まえていくということである。手間暇かけて継続的に、ていねいに見ていく、判断していく、ということである。

また、学ぶ側（子ども）だけではなく、教える側（教師）にも多様なニーズがあり、それにも注目していくことが求められる（柘植、2002）。

「サイエンス（science）」

新聞報道などによると、ある団体が、「発達障害は、年少の頃の子育ての不適切が原因となって生じる」というような趣旨の記述が含まれる文章を示した。すぐに、障害のある子どもの親の会や学術団体などから、その文章を撤回するよう求める要望書の提出が相次いだようだ。

なぜなら、その文章は、誤りだからである。保護者を含めて、およそこの分野の関係者であれば、明らかに誤りだとわかる記述である。そして、それらの要望書には、「学術的根拠（あるいは科学的根拠）がない事柄を載せるべきではない」というような内容が盛り込まれた。

障害のある子どもへの教育は、魔法ではないのである。障害のある子どもに何もしなくても（何ら指導や支援をしなくても）、ある日、突然、それまでできなかったことができるようになるのではないのである。その子どもの実態（状態）をきちんと把握し（これをアセスメントという）、それを踏まえて、指導の計画を個別に作成し、指導を展開し、随時、また定期的に評価をして、必要な改善をしていくという、科学的ないわゆるPDCAサイクルで回していって、確かな成長を期待できるのである（柘植、１９８７、柘植、２０１３ｂ）。

そしてまた、このような科学的なプロセスが、確かな指導、質の高い指導、を保障してくれるのであり、保護者を含めた関係者間での、説明責任と結果責任につながるのである。

例えば医療の世界。成功するかどうか不明な手術はされたくないし、効くかどうか不明な薬は飲みたくない。当たり前である。それでは、教室の中では、どうか。成果があがるかどうか不明な指導法や授業がなされてはいないだろうか。医療と違って教育の世界では「しかたがない」のだろうか。甘えはないだろうか。本気で、目の前の障害のある子どもを大切にし、確かに成長させようとしているか。

そのために、例えば、授業研究会を大切にし、自分の授業を振り返り、他者の授業から学ぶ習慣ができているだろうか。あるいはまた、種々の学術学会の全国大会に参加したり、関係の学術誌から効果が確かめられた指導法や支援法を取り入れたりしているだろうか。

「根拠（エビデンス）に基づいた指導・支援（evidence-based practices）」という考え方は、今後ますます重要になっていくと思われる（第7章「特殊学級担任者となる要件(3)を参照）。

「パートナーシップ（partnership）」

小中学校等において、特別支援教育は、もはや、通級指導教室の担当者とか、特別支援学級の担当者とか、特別支援教育コーディネーターとか、そのような者の誰か一人がやってくれるというものではない。

学校長のリーダーシップのもと、学校全体として取り組むべきものである。文部科学省の通知にもそのような記載がある。したがって、校内のさまざまな立場の者がともに協力しながら、特別支援教育を推進していくことになるのである。

さらに、必要に応じて、校外の教育学や心理学などの専門家や保護者などとの連携も欠かせない。学校内の人材だけでは解決できないような、例えば大きくて複雑な問題解決には、校外の専門家からのコンサルティングやスーパーバイズは心強いものである。特別支援教育の制度では、全国１０００校ほどある特別支援学校（従来の盲・聾・養護学校）が、近隣の幼稚園や小中学校、高等学校をさまざまに支援する「センター的機能」を発揮している（柘植・田中・石橋・宮崎、２０１２）。

また、子どもの家庭や地域での様子について保護者から聞き取って、例えば、「個別の指導計画」を作成する際の実態把握の資料としたり、学校で身についた事項を家庭や地域でも発揮できるようにするために、その手法を保護者とともに考えて実行したりすることも大切である。「個別の教育支援計画」についても同様であろう（「個別の指導計画」および「個別の教育支援計画」については、小中高等学校の、新学習指導要領の総則と解説を参照）。

そして、そのような人材をうまい具合に束ねていく立場が、校内の特別支援教育コーディネーターである。このコーディネーターは、校内で、例えば、発達障害がある子どもで、不登校やいじめなど生徒指導上の問題も併せ持つ場合には、生徒指導担当者と、また、病気など健康上の問題を抱えている場合には、養護教諭と連携して進めることになる。

第3章　自治体の特色ある取り組みと政策評価
――地方分権下の主体性、自主性と結果責任――

1　地方分権一括法案と特別支援教育への転換

日本は、中央集権型国家から地方分権型国家に軸足を移した国である。

1871（明治4）年の廃藩置県により、それまでの独立性が確保された藩の集合体としての日本から、強固な中央政府による中央集権的統一国家を誕生させて、国内的にも国際的にも〝一枚岩〟としての統一された日本が誕生した。それが、今日までの日本の繁栄に大きく貢献したことは言うまでもない。それから百数十年後の1999（平成11）年、国と地方公共団体との役割分担明確化に向けた、地方分権一括法案が成立し、大半の法律は、翌20

00年から施行されている。「地方分権の推進を図るための関係法律の整備等に関する法律」という。これは、中央集権型国家から地方分権型国家に軸足を移し、新たな国づくりを行うということを、国内外に示した、ということである。

司馬遼太郎風に言えば〝坂の上の雲〟にまで登り詰めたのであり、それを維持し、さらに次の段階へと進む百数十年ぶりの脱皮ということになる。

各自治体は、国が行った施策立案に沿って行政を実行するだけではなく、主体性や自主性が重んじられ、自ら施策立案を行い、行政を展開し、そして、その結果責任が問われるという新たな考えと手法を求められることになった。大きなパラダイムチェンジである。NPM (New Public Management、新公共経営)の考え方と手法の導入も大きい。

21世紀になって行われた特殊教育から特別支援教育への転換は、まさに、このような国の新たな形への転換の始まりの中で行われたのであり、そのことの意味は大きい。特殊教育から特別支援教育への転換も、障害のある子どもに対する教育の、中央集権型から地方分権型への転換であったのである。国も各自治体も、このことを十分に理解して、特別支援教育政策を展開してきていると思う。その結果、特別支援教育の推進において、自治体は、時には競うように、特色ある取り組みを展開し始め、成果をあげた。その一方で、従来どおりの、いや一昔前の考えや手法にとどまり、気がつけば、近隣の自治体はすでに先に行ってしまった、というような状態の自治体も少なくなかった。

2 特色ある取り組みの出現

なぜ、A自治体は特別支援教育に成功し、B自治体はうまくいっていないのか、とよく聞かれる。それを知るには、両自治体の、特別支援教育に対する基本的な考え、手法の違い、これまでの取り組みの経過と評価、そして、できれば、今後の展望について、双方の関係者に聞き取れば、すぐに明らかになる、と答えている。実際、そうなのである。

全国の都道府県、市町村の中から、23の自治体の特色ある取り組みを紹介したことがある（柘植編、2007）。そこで紹介した自治体の取り組みは、従来の特殊教育から新たな特別支援教育への転換に向けた2001年の助走の段階の時期で、言うなれば、いち早く良いスタートを切った自治体を集めて紹介したものであった。

しかし、その一方で、自治体によっては、しばらくの間、様子見の状態にとどまってしまったところもあり、つまり、何もアクションを起こさない、といった状態が続いてしまった。

そのような自治体では、全国の情報や国の施策の動向を知る教員や、保護者、さまざまな学識経験者から、どうしてわが自治体は何もしないのか、いつになったら、アクションを起こすのかと、心配の声が聞かれることもあった。そのような自治体の行政関係者からは、まだ法令が変わっていないから、国の指示がないから、国から具体的な方策が示されていないから、などの声が聞かれた。このことは、21世紀になって、それまでの中央主権型国家から、地方分権型国家に移行したのだ、という認識と理解に、自治体の関係者の間で大きな差があった、ということである。

特別支援教育は、子どもや学校や地域によって、その考えや、進め方や、内容は、一律ではない。国が示す法令や基準等を踏まえ、そのうえで、特色ある取り組み、思い切った取り組みが、自治体で推進されることが重要である。従来の特殊教育と、そこから転換して新たに始まった特別支援教育との間の大きな違いの一つは、前者が中央集権型国家という形の中で推進されたのに対して、後者は地方分権型国家という形の中で推進されている、ということである。この違いは、非常に大きい。

なお、神奈川県と兵庫県の取り組みについては、第9章で述べる。両県、および両県の中の各自治体の個々の取り組みについて、何がうまくいっているのかを具体的に紹介している。

3　教員間、学校間、自治体間の格差

日本の教育の最大の特徴の一つは、どんな都心の学校であろうと、山間部の奥深いところにある学校であろうと、島嶼《とうしょ》地区にある学校であろうと、どの学校であっても、国が定める学習指導要領により教育課程を作成して実施することから、各教科の目標や内容に至るまで同じであり、しかも教員免許を取得した一定レベル以上の専門性のある教師が指導する。このことは、世界に誇れる日本の財産である。しかし、その一方で、まさにそのことにより、日本の教育は画一的であるとか、柔軟性に欠けるとか、教師の自由な発想を妨げているとかの声も聞かれる。

特別支援教育についても、基本的には、法令上の位置づけから、学校内の推進に関わる通知やガイドラインなどにより、その理念や基本的な考え、〝一定の水準〟以上の体制整備や、教室の中の指導・支援、授業がなされることが期待され、場合によっては求められている。

そのうえで、さまざまな差があるのである。その差は、教員間の差、学校間の差、自治体

間の差となって現れてきている。このことをどう捉えるかである。先の〝一定の水準〟以上であれば、教師、学校、自治体の自由な考え、主体的な考えが存分に発揮されることはよいと考える。実際、例えば、「通級による指導」をとっても、その教育課程の編成の仕方（自立活動と教科の補充指導の関係を含む）、授業の工夫の仕方、個別の指導計画の作成の仕方、指導形態のあり方（自校通級、他校通級、巡回指導）など、さまざまな工夫がなされている。また、特別支援学校のセンター的機能の発揮についても、さまざまな取り組みが展開されている（柘植・田中・石橋・宮崎、２０１２）。

どのような方法がよいかではなく、その方法はどのような効果があるか、成果が確かに見られるか、ということが重要なのである。

一方、〝一定の水準〟に達していない場合も見られる。そして、それは、教師、学校、自治体のいずれにも及ぶ。

特別支援教育の理念や基本的な考えが教師や管理職に正しく理解されていない、特別支援教育の推進が学校全体に位置づけられていない（特別支援教育コーディネーターなど、一部の人のみが取り組んでいるだけ）、学校の考えで（判断で）特別支援学級に在籍する子どもをその実態にかかわらず、ほとんどすべての時間を通常学級で学ばせている（特別支援学級の担当者がともに教室に入り込んで指導をするのでもなく）、管理職が作成する学校経営計画や学校評価の項目に特別支援教育が明確に記述されていない、自治体で特別支援学級の新規担当者に基本的な事項を知らせないため学ぶ機会がない（例えば、「特別の教育課程」の編成について、その方法を学ぶ仕組みが都道府県レベルにも市町村レベルにもない）、自治体の特別支援教育政策がない、またはみえない（自治体のWebサイトでも紹介されず、関連するパンフレット等も配布していない）などである。

したがって、教師間、学校間、自治体間の差を見る場合、その〝一定の水準〟が一つのポイントとなる。教師、学校、自治体、そのいずれのレベルでも〝一定の水準〟を超え、そのうえで、各教師、学校、自治体の考えで、自主的、主体的、独創的に思い切った展開をすればよいのである。

このような状態に達している場合も多いが、そうでない場合も多く、その差が大きい。そのことが、総体として、教員間格差、学校間格差、自治体間格差となって現れ、学校関係や、教育関係のみならず、保護者や地域の人々の話題にのぼるのである。隣の学校は、あのように特別支援教育がうまく推進されているのに、なぜわが学校はうまくいかないのか、どうしてあの自治体は、特別支援教育コーディネーターの養成研修講座が充実しているのに、わが自治体はあんなに簡単なプログラムでしかないのか、ということである（柘植、2008a、2008b、2011a、柘植・宇野・石橋、2007）。

このような自治体間の差について、例えば、都道府県の教育行政担当者は、他の自治体の動向については、よく知っていると考えてよい。また、ある県の中にある市町村の担当者は、県内の他の市町村の動向について知る機会は多い。しかしながら、学校の一教員や、障害のある子どもの保護者が、他の市町村や他の自治体の動向について、知る機会は少ない。だからこそ、各学術学会の年次大会への参加やその機関紙の購読、あるいは、商業誌の購読や全国的な研究会への参加は非常に重要であり、全国各地の優れた取り組みに触れる必要がある。そこでわが学校は、わが自治体は、何が成功していて、何が課題なのかがわかってくるのである。そしてまた、教師であれば、教師としての自らの実践を振り返る機会にもなる。

4　政策評価・行政評価

政策評価、行政評価という言葉が最近よく聞かれる。その背景には、2001（平成13）年成立の、行政機関が行う政策の評価に関する法律や、行政への一般国民からの目など時代の要請等がある。関連して、昨今の日本の財政事情等とも連動して、コストパフォーマンス、すなわち、つぎ込んだコストに見合っただけの成果が得られているかを問うことが一般的になりつつあるという、社会的風潮の変化もある。

政策評価や行政評価に関しては、国レベルや自治体レベルのいずれにおいても、一般書や専門書が多く出版されるようになった。また、2000年には、学術団体としての、日本評価学会が設立され、学会の機関紙「日本評価研究」が創刊された。国、地方、組織を対象とした種々の評価に関する調査研究や論考が掲載されている。

このような、21世紀になって始まった日本における政策評価・行政評価の大きなうねりに重なるように、特殊教育から特別支援教育への転換が始まったこととの意味や意義は非常に大きいと考える。

従来の特殊教育から、新たな特別支援教育への転換において、その手法の大きな違いとして取り上げられた、PDCサイクル、あるいはPDCAサイクルは、まさに、この評価の部分にも十分に注目しようとするものであり、質の向上を目指していこうとするものである。これを踏まえて、例えば文部科学省では、毎年、新たな特別支援教育体制の体制整備に関する全国都道府県への動向調査を行い、Webサイトで公表してきた。何がうまくいっていて、何がそうでないのかを明らかにしていくことが重要である（柘植、2009）。

第４章　教室での指導内容と指導方法
――現代的な心理学的手法の充実――

1　教室における気になる行動の理解と対応

離席行動を示すAさんのエピソード

ある小学校の通常学級。Aさんが、授業中、しばしば自分の席を離れて、教室の後ろのロッカーの上に置いてある金魚の水槽のところに行って、面白そうに金魚を眺めている。10分も20分もずっと眺めている。その様子を、他の子どもが羨《うらや》ましそうにちらっと見たり、「(Aさんだけ) ずるい」といった声が聞かれたりする。こうして、授業に集中できない子もでてくる。

この場合、Aさんは金魚がとても好きだからしょうがない。Aさんが満足するまで、飽きてしまうまで（ずっと飽きないかもしれない）、そのままにしておこうか。あるいは、明日から、教室に金魚の水槽を置くのをやめようか、と考えるかもしれない。

これは、見方によっては、誤りでもある。なぜなら、もしかしたら、Aさんは、金魚がたまらなく好き、というのではなく、その授業よりも、金魚のほうが少しだけ興味深いのであって、だから離席をしたとも考えられるのである。あるいは、授業の途中に、先生の説明がわからなくなり、それが原因で、そこから回避しようとして離席行動を示した可能性もある。あるいは、隣の子のしぐさやちょっかいから逃れるためかもしれない。離席行動の原因は、実にさまざまである。

授業が面白くない、あるいはわからないというのが離席の理由であるならば、金魚よりも興味深い、あるいはわかりやすい授業に改善すればよいのである。

さらに、こんな離席もある。例えば、算数の授業中、担任が黒板に書いた計算問題を、誰かに解いてもらおうと、子どもたちに挙手を求めている最中に、指名されたわけでもないのに突然離席して、黒板のところに行って問題を解いてしまうという行動。この場合は、積極的な授業参加とも言える行動であり、他の離席行動とは意味が違う。前向きな離席、とでもいうようなものである。そして、行動の「型」（見た目）としては同じ離席という行動であっても、その「機能」（原因、あるいは背景）は異なるのである。

教室で起こる問題行動については、このように、問題行動の「型」（現れている姿）と「機能」（引き起こす原因）に分けて双方から検討することが基本であり、それを踏まえて対応することになる。このことは、何事も、単純に本人だけの責任にせず、本人と周りの環境との相互作用で見ていこうとするのである、と言ってもよい。

「気になる行動」と「問題行動」の違い

気になる行動は、問題行動とは異なると考えたい。まず、問題行動は、基本的には、誰から見ても一定の状態であるとされるのに対して、気になる行動は、基本的には見る人によって異なると考えたい。つまり、気になる行動とは、同じ行動でも、人によっては気になるが、人によっては気にならない、というように、その人の感じ方に左右される。つまり、ある教師には気になっても、他の教師には気にならない、ということもある。また、教師は気になるが、保護者は気にならない、あるいはその逆ということもあり得る。そのような意味で、少々厄介な語である。

一方、問題行動は、およそ誰からも共通に問題と判断される行動であると考えたい。例えば、授業中、突然、授業とは全く関係ないことを大声で話し始め、そのため、他の子どもは授業での教師の話が聞こえない、とか、隣の子がノートを書いているときにその机をガタガタ揺らしてしまう、そのため、隣の子はノートがとれない、など。

したがって、問題行動ではなく、気になる行動への対応、ということを考える際、場合によっては、特別支援教育に関する校内委員会などで、職員間の共通理解が必要になってくる。校内で「どこまで気にするか」という問題である。必要に応じて、保護者との連携も必要になる。このようなことは、指導・支援の一貫性という視点からも大切なことである。

さらに、行動が気になる子どもたち、という表現は、例えば、ADHDにより行動が気になるとか、自閉症により行動が気になる、というように、何らかの障害に起因している場合のみならず、特定の障害が明確には認められていなくとも〝気になる行動〟がある子どもということになり、それらを含めると、その対象はかなり広がることになる。

先のエピソードで示した離席行動の状態は、他の子どもへの良くない影響もでてきているなど、もはや、気になる行動ではなく、明確な問題行動として捉えることになる。しかしながら、こうした状況を、ある教師が気にならないとして、何ら対応を取らない場合があるとすれば問題である。早く気づいてあげる、ということは大切であり、気づくのが遅れたことで、いじめが深刻になり、とても残念な結果になってしまった、というようなことのないように、何か重大な状態になってしまった時に、「気がつかなかった」という残念な言葉が発せられることのないよう、特別支援教育においては、日頃から気づきの感度を磨いていきたい。

なお、逆に、ちょっとした行動にも、ついつい気になりがち、といった教師もいる。この場合、そのために、他の教師よりも、かなり厳格な指示やルールを示して行動させようとしてしまい、子どもの豊かで自由な発想や行動を制限してしまうという恐れもでてくるかもしれない。本来の子どもらしさを摘んでしまうかもしれない。

「学習面における問題」と「行動面における問題」の関係

学校内における特別支援教育に関わる教育的ニーズとしての中核は、学習面と行動面に現れる。そして、両者は全く異なる事項として現れる場合もあれば、密接に関連して現れる場合もあることに注意したい。

先のエピソードで、授業が面白くない、またその結果、授業がわからない、ということが離席行動を起こしているとすれば、離席行動そのものをなくそうとする手立てを打っても改善は難しいことが予想される。面白い授業、わかる授業への改善を行うことも併せて行っていくことが必要となる。

年齢、学校、場面によって異なる「気になる行動」

同じ行動でも、年齢によって意味は異なり、そのため、気になったり、ならなかったりすることがある。また、幼稚園、小学校、中学校、高等学校といった校種の違いも同様である。先のエピソードの場合、例えば、幼稚園児が金魚の水槽に駆け寄っていくのと、小学6年生が授業中駆け寄っていくのとは、全く意味が異なり、対応も異なることになる。また、授業の内容や授業の形態、あるいは、授業以外の場面などによって異なることも同様である。

気になる行動への対応の基本的な考え

ここでは、対応の基本的な考えとフレームについて述べることにする。

ⓐ気になる行動のていねいなアセスメント

一般的には、行動アセスメント（Behavioral Assessment）が行われる。校内の、場面、時間帯など、種々の状況下での把握が必要である。先のエピソードの場合、離席行動の現れを、そのような観点で把握していくことになる。場合によっては、気になる行動の、家庭や地域での現れも把握する。また、本人と周りの子どもとの関係のあるなしの把握も重要だ。先のエピソードでは、隣の子がちょっかいを出したことも離席の原因であった。周りの子どもの学習を妨害するかしないか、によって対応は大きく異なるので、そのような状況も把握することになる。先のエピソードでは、Ａさんが離席して金魚の水槽のところに行くという行動が、明らかに他の子の授業への集中を妨害している。

(b)学校としての組織的対応

校内で指名されている、特別支援教育コーディネーターのリーダーシップのもと、特別支援教育に関する校内委員会が開催され、アセスメントの結果を踏まえて、対応策が検討される。それは、チームアプローチであり、例えば、中学校であれば、学級担任の他、教科担当者も含め、養護教諭、校長らが参加する。必要に応じて、教育相談担当や生徒指導担当なども加わる。中学校では、教科担任制であり、例えば、国語では離席はないが、数学では頻発する、主担任では離席はないが、副担任の時は頻発するなどといったこともあり、チームアプローチは、一層重要になる。

(c)対応方針の検討（対応技法の検討を含む）

一般的に、障害のある子どもの行動問題への対応は、応用行動分析（ＡＢＡ：Applied Behavioral Analysis）の手法による対応が効果的である。この手法による対応事例の蓄積は、国内外ともに多い。したがって、担当する者は、必要最低限の手法を習得しておくとよいだろう。

(d)計画の作成、個別の指導計画も

通常学級に在籍し、通級による指導を活用していなくとも、必要に応じて、個別の指導計画を作成することも考えられる。そのメリットは、問題の把握、指導方針の明確化、指導の手立ての決定、指導の結果の把握、課題の把握の明確化であり、指導の見直しや、次学期や次年度への引き継ぎとして活用されていく。

(e)指導の実施、授業の展開

放課後などの個別的な対応と、授業中での配慮とは分けて考える必要がある。気になる行動の状態、年齢、本人の希望等により異なる。そして場合によっては、両者を組み合わせて行うことになる。

近年、授業のユニバーサルデザインという言葉が聞かれるが、気になる子どもを取り出さないで（別室で特別な指導を行わないで）、授業そのものを改善して、そのような子どもも含めてすべての子どもに効果があがるようにしていこうとするものである。指導案の工夫も必

要になってくる。

(f)対応の成果の確認（指導・支援の評価）

何らかの対応を始めたら、その対応によって、標的とした気になる行動にどのように効果が現れてきているかどうかをていねいにモニターしていくことになる。そして、もし、効果が見られなければ、対応を変える必要がある。効果が現れないどころか、標的とした気になる行動がむしろ頻発して現れるようになったり、その行動がより強い問題となっていったりした場合は、それまでの対応をすぐに検討し、やめるなり、別の方法に変えるなりすることが重要である。例えば、自傷行動とか、他の子どもへの安全上問題のある行動などである場合は、特に急ぐ必要がある。手遅れにしてはならない。

また、指導方法や支援技法は、日々進化してきており、最新の情報、確かな情報を入手し、少しでも適切な指導・支援が行われるようにしておくことが大切である。

さらに、授業研究会も、対応の効果を見る重要な方法であり、他の教員の見方や手法は大いに参考になるだろう。

(g) 対応の継続性と一貫性

基本的に教育的対応は、組織的、計画的であることが求められるが、特に、幼稚園から小学校、小学校から中学校、中学校から高校などにおける対応は、継続性と一貫性に配慮して行われることになる。そうすることが、指導・支援の適切性につながっていく。そのために、個別の指導計画や個別の教育支援計画の作成と運用は鍵となる取り組みであり、それをツールとして、次のステージにいかにつないでいくか、引き継いでいくかがポイントである。

（柘植、2012。通常学級における特別支援教育（2）――行動が気になる子どもたち――．指導と評価．から）

この事例からわかることとは、まず実態を把握し（この事例では、つまずきの状態や背景〔その原因〕を探り）、それを踏まえて指導・支援の計画を作成し、指導・支援を実施し、その後に評価を行い、さらに必要な指導・支援に向けた計画の再構築を行う、というPDCAサイクルで展開することの重要性である。そして、ここで取り上げた〝気になる行動〟に限らず、実は、このような考え方と対応の仕方は一般的で普遍的なものであり、他のさまざまな障害のある子どもであっても、また、他の学習面や行動面における種々の困難への対応についても基本的には同様である。（小野・奥田・柘植、2007）

2　学習指導要領と教育課程の編成

学習指導要領の改訂

小学校、中学校、高等学校には、学習指導要領が、幼稚園には教育要領が示されている。そして、より詳細な内容については、いずれも解説（別冊）で述べられている。そのなかから、特に特別支援教育に関わる箇所について紹介する。

まず、幼稚園では、「指導についての計画又は家庭や医療、福祉などの業務を行う関係機関と連携した支援のための計画を個別に作成する」とされ、個別の指導計画と個別の教育支援計画の作成が明記された小学校、中学校、高等学校も同様の記述がなされた。

次に、小学校においては、さらに、障害のあるなしにかかわらず、個に応じた指導の充実の問題や、「交流及び共同学習」の問題が明記された。これらのことは、中学校においても、同様の記述がなされた。

幼稚園　教育要領

第３章　指導計画及び教育課程に係る教育時間の終了後等に行う教育活動などの留意事項

第１　指導計画の作成に当たっての留意事項

２　特に留意する事項

⑵　障害のある幼児の指導に当たっては、集団の中で生活することを通して全体的な発達を促していくことに配慮し、特別支援学校などの助言又は援助を活用しつつ、例えば指導についての計画又は家庭や医療、福祉などの業務を行う関係機関と連携した支援のための計画を個別に作成することなどにより、個々の幼児の障害の状態などに応じた指導内容や指導方法の工夫を計画的、組織的に行うこと。

小学校　新学習指導要領

総則　第４　指導計画の作成等に当たって配慮すべき事項

⑹　各教科等の指導に当たっては、児童が学習内容を確実に身に付けることができるよう、学校や児童の実態に応じ、個別指導やグループ別指導、繰り返し指導、学習内容の習熟の程度に応じた指導、児童の興味・関心等に応じた課題学習、補充的な学習や発展的な学習などの学習活動を取り入れた指導、教師間の協力的な指導など指導方法や指導体制を工夫改善し、個に応じた指導の充実を図ること。

⑺　障害のある児童などについては、特別支援学校等の助言又は援助を活用しつつ、例えば指導についての計画又は家庭や医療、福祉等の業務を行う関係機関と連携した支援のための計画を個別に作成することなどにより、個々の児童の障害の状態等に応じた指導内容や指導方法の工夫を計画的、組織的に行うこと。特に、特別支援学級又は通級による指導については、教師間の連携に努め、効果的な指導を行うこと。

⑿　学校がその目的を達成するため、地域や学校の実態等に応じ、家庭や地域の人々の協力を得るなど家庭や地域社会との連携を深めること。また、小学校間、幼稚園や保育所、中学校及び特別支援学校などとの間の連携や交流を図るとともに、障害のある幼児児童生徒との交流及び共同学習や高齢者などとの交流の機会を設けること。

中学校　新学習指導要領

総則　第4　指導計画の作成等に当たって配慮すべき事項

(7) 各教科等の指導に当たっては、生徒が学習内容を確実に身に付けることができるよう、学校や生徒の実態に応じ、個別指導やグループ別指導、繰り返し指導、学習内容の習熟の程度に応じた指導、生徒の興味・関心等に応じた課題学習、補充的な学習や発展的な学習などの学習活動を取り入れた指導、教師間の協力的な指導など指導方法や指導体制を工夫改善し、個に応じた指導の充実を図ること。

(8) 障害のある生徒などについては、特別支援学校等の助言又は援助を活用しつつ、例えば指導についての計画又は家庭や医療、福祉等の業務を行う関係機関と連携した支援のための計画を個別に作成することなどにより、個々の生徒の障害の状態等に応じた指導内容や指導方法の工夫を計画的、組織的に行うこと。特に、特別支援学級又は通級による指導については、教師間の連携に努め、効果的な指導を行うこと。

(14) 学校がその目的を達成するため、地域や学校の実態等に応じ、家庭や地域の人々の協力を得るなど家庭や地域社会との連携を深めること。また、中学校間や小学校、高等学校及び特別支援学校などとの間の連携や交流を図るとともに、障害のある幼児児童生徒との交流及び共同学習や高齢者などとの交流の機会を設けること。

高等学校　新学習指導要領

総則　5　教育課程の実施等に当たって配慮すべき事項

(7) 学習の遅れがちな生徒などについては、各教科・科目等の選択、その内容の取扱いなどについて必要な配慮を行い、生徒の実態に応じ、例えば義務教育段階の学習内容の確実な定着を図るための指導を適宜取り入れるなど、指導内容や指導方法を工夫すること。

(8) 障害のある生徒などについては、各教科・科目等の選択、その内容の取扱いなどについて必要な配慮を行うとともに、特別支援学校等の助言又は援助を活用しつつ、例えば指導についての計画又は家庭や医療、福祉、労働等の業務を行う関係機関と連携した支援のための計画を個別に作成することなどにより、個々の生徒の障害の状態等に応じた指導内容や指導方法の工夫を計画的、組織的に行うこと。

(14) 学校がその目的を達成するため、地域や学校の実態等に応じ、家庭や地域の人々の協力を得るなど家庭や地域社会との連携を深めること。また、高等学校間や中学校、特別支援学校及び大学などとの間の連携や交流を図るとともに、障害のある幼児児童生徒などとの交流及び共同学習や高齢者などとの交流の機会を設けること。

また、障害のある児童及び生徒と、障害のない児童・生徒との「交流及び共同学習」については、次のように規定されている。

障害者基本法

（教育）

第十六条　国及び地方公共団体は、障害者が、その年齢及び能力に応じ、かつ、その特性を踏まえた十分な教育が受けられるようにするため、可能な限り障害者である児童及び生徒が障害者でない児童及び生徒と共に教育を受けられるよう配慮しつつ、教育の内容及び方法の改善及び充実を図る等必要な施策を講じなければならない。

2　国及び地方公共団体は、前項の目的を達成するため、障害者である児童及び生徒並びにその保護者に対し十分な情報の提供を行うとともに、可能な限りその意向を尊重しなければならない。

3　国及び地方公共団体は、障害者である児童及び生徒と障害者でない児童及び生徒との交流及び共同学習を積極的に進めることによつて、その相互理解を促進しなければならない。

4　国及び地方公共団体は、障害者の教育に関し、調査及び研究並びに人材の確保及び資

特別支援学校小学部・中学部学習指導要領（自立活動）

第７章　自立活動

第１　目標

個々の児童又は生徒が自立を目指し、障害による学習上又は生活上の困難を主体的に改善・克服するために必要な知識、技能、態度及び習慣を養い、もって心身の調和的発達の基盤を培う。

第２　内容

1. 健康の保持
 (1) 生活のリズムや生活習慣の形成に関すること。
 (2) 病気の状態の理解と生活管理に関すること。
 (3) 身体各部の状態の理解と養護に関すること。
 (4) 健康状態の維持・改善に関すること。
2. 心理的な安定
 (1) 情緒の安定に関すること。
 (2) 状況の理解と変化への対応に関すること。
 (3) 障害による学習上又は生活上の困難を改善・克服する意欲に関すること。
3. 人間関係の形成
 (1) 他者とのかかわりの基礎に関すること。
 (2) 他者の意図や感情の理解に関すること。
 (3) 自己の理解と行動の調整に関すること。
 (4) 集団への参加の基礎に関すること。

4. 環境の把握

(1) 保有する感覚の活用に関すること。

(2) 感覚や認知の特性への対応に関すること。

(3) 感覚の補助及び代行手段の活用に関すること。

(4) 感覚を総合的に活用した周囲の状況の把握に関すること。

(5) 認知や行動の手掛かりとなる概念の形成に関すること。

5. 身体の動き

(1) 姿勢と運動・動作の基本的技能に関すること。

(2) 姿勢保持と運動・動作の補助的手段の活用に関すること。

(3) 日常生活に必要な基本動作に関すること。

(4) 身体の移動能力に関すること。

(5) 作業に必要な動作と円滑な遂行に関すること。

6. コミュニケーション

(1) コミュニケーションの基礎的能力に関すること。

(2) 言語の受容と表出に関すること。

(3) 言語の形成と活用に関すること。

(4) コミュニケーション手段の選択と活用に関すること。

(5) 状況に応じたコミュニケーションに関すること。

質の向上、適切な教材等の提供、学校施設の整備その他の環境の整備を促進しなければならない。

一方、特別支援学校の学習指導要領では、例えば、小中学部では、各教科、道徳、外国語、総合的な学習の時間、特別活動、自立活動、というように、自立活動が加わっているのが、小学校や中学校の学習指導要領にはない特徴である。その自立活動の目標と内容は以下のとおりである。今回の改正により「人間関係の形成」が新たに加わり、そのことにより既存の他の内容の間での調整がなされた。

小中学校における教育課程の編成

発達障害である自閉症、学習障害、及び注意欠陥多動性障害の3つについて、通級による指導の対象として、他の障害と同列の並びで、次のように規定されている。

学校教育法施行規則

百四十条　小学校若しくは中学校又は中等教育学校の前期課程において、次の各号のいずれかに該当する児童又は生徒（特別支援学級の児童又は生徒を除く。）のうち、当該障害に応じた特別の指導を行う必要があるものを教育する場合には、文部科学大臣が別に定めるところにより、第五十条第一項、第五十一条及び第五十二条の規定並びに第七十二条から第七十四条までの規定にかかわらず、特別の教育課程によることができる。

一　言語障害者

二　自閉症者

三　情緒障害者

四　弱視者

五　難聴者

六　学習障害者
七　注意欠陥多動性障害者
八　その他障害のあるもので、本項の規定により特別の教育を行うことが適当なもの

それに対して、特別支援学級においては次のように発達障害が他の障害と同列の並びで規定されてはおらず、言語障害や情緒障害とともに「六　その他の障害のある者で、特別支援学級において教育を行うことが適当なもの」となっている。

学校教育法
第八十一条
2. 小学校、中学校、高等学校及び中等教育学校には、次の各号のいずれかに該当する児童及び生徒のために、特別支援学級を置くことができる。
一　知的障害者
二　肢体不自由者
三　身体虚弱者
四　弱視者

五　難聴者

六　その他障害のある者で、特別支援学級において教育を行うことが適当なもの

特別支援学級設置の際の区分（障害種別）や、特別の教育課程の編成については、次のように規定されている。つまり、設置については、小学校、中学校、高等学校および中等教育学校に置くことができるとされているが、特別の教育課程の編成については、小学校もしくは中学校または中等教育学校の前期課程においてのみの規定となっているのだ。

学校教育法施行規則

第百三十七条　特別支援学級は、特別の事情のある場合を除いては、学校教育法第八十一条第二項各号に掲げる区分に従って置くものとする。

第百三十八条　小学校若しくは中学校又は中等教育学校の前期課程における特別支援学級に係る教育課程については、特に必要がある場合は、第五十条第一項、第五十一条及び第五十二条の規定並びに第七十二条から第七十四条までの規定にかかわらず、特別の教育課程によることができる。

このように、通級による指導と特別支援学級では、特別の教育課程を編成することができるとされる障害の記載が異なっていることに注意したい。

なお、通級による指導や特別支援学級における特別の教育課程の編成に際しては、特別支援学校の学習指導要領を参考にすることとされている。このことは、通級による指導や特別支援学級における指導、そのものに焦点を当てた特別の教育課程の編成、ではなく〝他から借りてくる〟形になっていることに注意したい。

高等学校における教育課程の編成

高等学校では、各学科に共通する教科として国語、地理歴史、公民、数学、理科、保健体育、芸術、外国語、家庭、情報、主として専門学科において開設される教科として、農業、工業、商業、水産、家庭、看護、情報、福祉、理数、体育、音楽、美術、英語、それに、総合的な学習の時間、特別活動がある。

実は、これらの他に、高等学校では、学校設定教科、学校設定科目がある。これらは、学校独自に教科、科目を設定できるというもので小中学校等にはない仕組みである。多様なニーズのある生徒への対応としても工夫ができるだろう。

また、先に述べたように、特別支援学級の設置は可能との規定であるが、特別の教育課程の編成を行う対象とはなっていない。

なお、次ページに示すように、高等学校における特別の教育課程の編成のあり方の検討の必要性について報告がなされている。

発達障害のある子どもの指導目標・内容と教育課程に関する法をここまでで取り上げた。２０１１年の学習指導要領の改訂により、幼稚園、小学校、中学校、高等学校において、個別の指導計画と個別の教育支援計画の作成が明記された。「交流及び共同学習」については障害者基本法に明記されている。また、特別支援学校の新学習指導要領では、自立活動が改正された。小学校、中学校における通級による指導や特別支援学級の設置の件や、特別の教育課程の編成の法的根拠について紹介した。なお、特別の教育課程の編成については高等学校では規定されていないことなどについて、調査研究協力者会議が報告書をまとめている。

高等学校における特別支援教育の推進について

高等学校ワーキング・グループ報告

平成21年８月27日

特別支援教育の推進に関する調査研究協力者会議

3.　発達障害のある生徒への指導・支援の充実

⑸特別の教育課程の編成

○ 学校教育法では、高等学校において障害のある生徒に対し、障害による学習上又は生活上の困難を克服するための教育を行うことが明記されており、実際に各学校において特別支援教育が推進されつつあるが、学校教育法施行規則では、高等学校における特別支援学級や通級による指導に係る「特別の教育課程」を編成することが規定されていない。一方、高等学校においては、前述のとおり、学習指導要領により弾力的な教育課程の編成が可能となっている。

○ このため、通級による指導については、将来の制度化を視野に入れ、まずは現行制度の中で教育課程の弾力的な運用や指導の工夫により、各地域・学校の実態・ニーズに即し、通級による指導に類した種々の実践を進める必要がある。その上で、制度化については、特別の教育課程編成や教員定数の在り方等についての検討を併せ行うことが必要である。

○ 教育課程の弾力的な運用については、例えば、義務教育段階での学習内容の確実な定着を図るための科目のほか、学校設定教科・科目として適切なものであれば、発達障害のある生徒の自立にも資する教科・科目（例えば､SST の視点を取り入れた教科・科目など）を開設し、これを選択科目として位置付け、通級指導教室のような形態で実施することも考えられる。

○ ただし、高等学校における通級による指導を考える場合には、通級指導教室に通う生徒の自尊感情や集団から離れて別の活動を行うことへの心理的な抵抗感にも配慮することが必要である。

○ このため、発達障害のある生徒に対応した指導について、例えば選択教科・科目等の一つとして位置付け、当該時間は他の生徒も選択教科・科目を履修するような形を取ることも一つの方法であり、生徒の自尊感情を傷つけることなく、生徒のニーズに合った指導を受ける場を用意できることになると考えられる。こうしたことを踏まえ、本格的な通級による指導の実施の在り方を含め、教育課程編成上の課題について更に検討すべきである。

○ 他方、高等学校における「特別の教育課程」による特別支援学級の設置については、特別支援学校高等部における知的障害の生徒の増加の実態も踏まえつつ、軽度の知的障害、発達障害のある生徒への後期中等教育の在り方にかかわる問題として、小・中学校と高等学校の基本的な相違（高等学校は義務教育ではなく入学者選抜があることなど）を勘案した上で、改めて検討する必要がある。

3　指導・支援の充実

指導方法の確立

指導・支援の充実に向けて、必要な要件や仕掛けがいくつかある。ここでは、指導方法の確立の問題、指導・支援の一貫性の問題、障害のある子どもとない子どもがともに学ぶ方法、通常学級における授業ユニバーサルデザイン、そして、次節で、授業研究会について考えてみる。

障害のある子どもの指導方法の確立は重要である。いや、確立することを非常に重要なことと関係者が認識し、それに向けた取り組みを進めることが必要である。

このことは、医学の例を見ればわかりやすい。病気の種類ごとに、治療方法を確立しなくてはならないのである。なぜなら、治るかどうか明らかになっていないレベルの手術はされたくないし、効くかどうか明らかになっていない薬は飲みたくない、からである。

だから、ある障害のある子どもへの教育について、指導方法が確立されていないということとは、とても危ういことであり、許しがたいことなのである。

　ただ、何をもって確立されたか、という疑問に答えることは、実は難しい。また、とりあえず、確立した、というレベルに達したとしても、さらなるより良い指導方法の確立に向けて歩みを止めてはならない。終わりのない旅なのである。これもまた医学の世界と同じかもしれない。

　障害種別の指導方法の確立、という視点は理解できるが、障害の種類ごとに全く違うのではなく、指導方法には共通したものが何かあるのではないか、という素朴な疑問が発せられるかもしれない。障害種別に指導方法を確立していくという方向と、指導方法を整理したり束ねたりしていくという方向がともに必要であると筆者は考える。

　各障害の指導方法については、よく話題にのぼるが、障害を複数併せ持つ場合は少ないと思われる。例えば、聴覚障害のみを持つ場合の指導方法と比べると、例えば、聴覚障害と知的障害を併せ持つ場合や、聴覚障害と知的障害と自閉症を併せ持つ場合などの指導方法が話題にのぼることは明らかに少ないように感じる。もしそうだとすると、そのような複数の障害を併せ持つ子どもは、日々の授業で十分ではない指導方法で指導をされているかもしれないのである。その分野の関係者は、いち早く、そのような子どもの指導方法の確立にエネルギーを費やさなくてはならない。

指導・支援の一貫性

一般に、指導・支援には一貫性が必要と言われる。具体的には、教育は行き当たりばったりではいけない、計画的に行われるべきである、（学年進行や進学などで）指導する教師が替わったとしても一貫性が必要だ、その時々の教師の勝手は許さない、などということであり、その背景には、やはり、質の高い教育がほしい（維持されるべきだ）という考えがあるのだと思う。

このことは、障害のある子どもの場合は、より重要であり、一貫性が確保されているかどうかは切実な問題である。

したがって、個別の指導計画や個別の教育支援計画が作成され、それが、学年進行や進学の際に引き継がれていくのである。そして、このような引き継ぎの仕組みは、日本のみならず、欧米諸国では共通したものである。このことからも、一貫性と、それを確保するための仕掛けの重要性がわかると思う。

例えば、個別の指導計画では、対象となる児童生徒の実態から、いつ、どのような目的（ねらい）で、どのような方法で指導したら、どのような成果が見られたか、課題が残ったかが、各教科や自立活動など指導の内容ごとに書き込まれていく。指導の設計図であるとともに、指導の結果書でもある。このような個別の指導計画が引き継がれてくると、いざ自分が担当することになった際に、これから1年、どのような指導をしていけばよいかが、おのずと見えてくる。だから、それは、教師にとっても、保護者にとっても、なくてはならないものとして、欧米で定着してきている（柘植・緒方・佐藤、2012）。

そのうえで、どのレベルまでの一貫性を目指すか、という問題もある。担当する教師の考えや専門性の高さの違い、学校の考えや体制整備の状況、自治体の考えや体力なども大いに影響するからである。

教師の仕事は、マラソンランナーではなくリレーランナーである。一人の教師が、一人の子どもを5年、10年学校で教育することは、まずない。基本的には、1年間である。1年間が勝負なのである。新年度、他の教師から引き継いだ子どもを、次の年には、別の教師に引き渡していくのである。だからこそ、「個別の指導計画」「個別の教育支援計画」や、指導・支援の引き継ぎ、その一貫性が重要であり、常に話題になるのである（柘植、2011b）。

「授業ユニバーサルデザイン」という試み

近年、通常学級の授業のあり方が大きな関心事となってきていて、さまざまな取り組みが進んできている。

授業ユニバーサルデザインとか、授業をユニバーサルデザインの視点から見直す・改善するという表現で、その学級に発達障害等何らかの障害や特別な指導のニーズのある子どもがいる場合、その子どものことも踏まえた（つまり、その子どもにもわかりやすい）授業を行おうということであろう。しかし、例えば、その「発達障害等何らかの障害や特別な指導のニーズのある子ども」といっても、どのような状態の子どもまでを含めて考えるかなど、その基本的な考えや手法は明確に整理されているわけではない。まさに、実践レベルでの模索の段階であると言ってよい。しかし、そのような実践レベルの模索は、重要であり、そこからさまざまな知見が蓄積され、その後、基礎的研究などにより理論づけがなされたり、有効な手法として確立していく作業が進んでいったりすればよいのである。

しかし、通常学級における授業ユニバーサルデザインの何が有効で、何が限界かがよくわかっているわけではないのである。「どんなに知的障害が重篤であっても、通常学級において授業ユニバーサルデザインの授業をすれば、すべてうまくいく（顕著な学習効果が得られる。本人も他の子どもも）」などといった声を時々聞くことがあるが、これは深刻な問題である。そのようなエビデンス（根拠）はないのである（少なくとも筆者は見たことはない）。ユニバーサルデザインの授業は、「魔法（万能）」ではないのである（今のところ）。どんなに障害があっても、重度であっても、この手法で、皆と一緒に学べるという牧歌的な勘違いを持つとすれば、それは非常に危険である。この手法の、有効性と限界を正しく整理していかなくてはならない。

現時点で、有効性と問題を整理してみる。

何が有効か

・学習や行動で大きな困難を持ってしまう前に予防的に対応することが可能。
・ある一定の困難の状態の子どもであれば、通級指導教室などへ取り出すことなく、通常学級の中だけで、他の子どもと同様に、その授業の目標を達成できる可能性がある。
・均質な状態の学級ではなく、学力や生活力、対人関係力などで多様な子どもがいる学級で指導することで、教師の専門性向上が期待できる。
・一人一人を大切にした指導・支援を行うので、誰もが認められ大切にされる風潮が生まれ、認められている、大事にされているという実感を子どもたちが持つようになる。
・学級の子どもたちをあたかも一つの塊と見て（十把一からげ）指導していくのではなく、一人一人個別的に目配りしながら学級の授業をしていくことの大切さを知り、そのような考えで指導していけるようになる。これは、小中学校等の学習指導要領に示されている個に応じた指導の一層の充実とも関係し、教育全体に関わる事柄である。

何が問題か

・どのような状態の子ども（障害の種類や程度も含めて）であれば、通常学級における授業ユニバーサルデザインで当初の目的（その授業の全体的な目標・ねらい）を達成できるかが現時点では不明である。したがって、学級の子どもたちの構成などから可能かどうかの判断をしなくてはならない。

・教師の中に、通常学級の授業ユニバーサルデザインで、どんなに障害が重くても、また重複していても、その授業の目標を達成できると思い込んでいる者がいるとすれば、これは全く間違いである。正しい理解啓発ができていない。

・対象の子どもに寄り添うことで、他の子どもへの対応がおろそかになる可能性がある。

・そもそも、日頃の各教科などの授業を、授業ユニバーサルデザインの視点から見つめ直し、授業改善を行っていくという意義や良さの理解が十分ではない（柘植、２０１２）。

障害のある子とない子がともに学ぶ方法「交流及び共同学習」

障害者基本法には、「交流及び共同学習」を積極的に推進することが記されている（本章の２）。障害のある子どもとない子どもが学校生活の中でともに生活しともに学ぶということは重要である。障害のある子どもにも、障害のない子どもにもさまざまなメリットがあり、障害のある子どもを教える教師にも、障害のない子どもを教える教師にもメリットがあるのである。

しかし、ここで注意したいのは、その効果である。メリットと書いたが、「交流及び共同学習」をすることが、誰かの多大な犠牲の上に成り立つとすれば、それはいけない。そのような「交流及び共同学習」はしてはならない。

そのためには、その効果をうまい具合に評価していかなくてはならない。このように、実は「交流及び共同学習」にとって最も大事なポイントは、評価である。

例えば、小学6年生の子どもで、知的障害があり学力的には小学校1年生程度だとしよう。知的障害があり、特別支援学級に在籍しているが、この子どもが、「交流及び共同学習」として、例えば、算数についてはすべての授業を通常学級で学ぶということは考えにくい。昔、小学校1年生に入学した当時のことを思い出してほしい。例えば、入学したばかりの4月、担任の先生から、明日から算数は、6年生のクラスに行って勉強しなさい、と言われたら、おそらくパニックになってしまうだろう。何一つ、授業の内容はわからないにちがいない。それは、算数だけではなく、体育の水泳であっても、理科の実験であっても、外国語活動であっても、同様であろう。

この場合、先の授業ユニバーサルデザインの工夫のレベルではないことがわかる。このことからも、授業ユニバーサルデザインは、〝魔法〟ではないと述べたのである。授業ユニバーサルデザインの授業は、障害のある子どものその障害の状態に大きく影響されるのである。

その一方で、例えば、運動会の6年生の演技で、いろいろな役割分担において、知的障害のある子どもが、その子にできる演技を、演技全体の中にうまい具合に位置づけて、6年生という集団全体で一つの演技を構成することは、難しいことではない。そのような事例は、全国にたくさんあるだろう。

このように、「交流及び共同学習」では、その障害のある子どもの実態に即して、その内容を決めていくことが重要で、それがうまい具合に進むと、評価しやすい。「交流及び共同学習」が成功したかどうかは、障害のある子どもが笑顔で通常学級に戻ってきたかどうか、といった単純な問題ではないのである。その授業のねらいをどこまで習得できたか、で測られるものである。

4　授業研究会

授業研究会（Lesson Study）という日本独自の手法が、近年、海外で注目されているという。教師の最も重要な仕事は、子どもに確かな学びを提供することであり、それはまさに授業を通して行われる。その授業力を向上させる仕組みが、授業研究会である。このような授業研究会というスタイルを早くから構築し、各学校で展開してきているのが日本である。そこに、海外の関係者が注目しているのである。

筆者が、客員研究員としてカリフォルニア大学ロサンゼルス校（ＵＣＬＡ）に滞在していた際、米国政府からの要請による、授業に関する大規模な国際比較研究（ＴＩＭＳＳプロジェクト）のリーダーだったスティグラー（Stigler）教授のゼミに継続的に参加する機会があった。アメリカの子どもの学力向上も含めて、教育の質を高める際のヒントを、授業の国際比較研究から明らかにしようとするものであった。その重要な分析対象国として日本も加わっていた。

東京大学の佐藤学教授（現在は学習院大学）が、何人かの研究者を引率して、スティグラー教授を訪れた時、ちょうどゼミの真っ最中であった。その中に、秋田喜代美先生（当時、立教大学助教授）がいらっしゃったことをよく覚えている。それ以降、秋田先生とは、いろいろなお願いをしたり、されたりの関係が続いている。

このような授業研究会であるが、特別支援教育の視点から見た場合、さまざまな取り組みが始まっている。特に、国語教育や算数・数学教育における授業研究会に、特別支援教育の視点をいかに盛り込んでいくか、という試みは興味深い（柘植・堀江・清水、2012）。

授業研究会の意義

「教師は『授業』で勝負する」（柘植、2005b）と言われるように、教師の最も重要な業務は授業を行うことである。それは、特別支援教育においても同様である。

特に、特別支援教育という新しい時代では、小中学校や高等学校の通常学級において各教科の授業をする際に、発達障害のある児童生徒が学んでいることを前提とした授業の工夫が求められる。すでに、学校によっては、全国各地で、そのような取り組みが始まっている。

そして、教師の授業力向上を支援するものが「授業研究会」という仕組みである。この授業研究会という仕組みや、それを通して学校として授業力を高めていこうとする風土は、日本が他国に誇れるものである、と言ってよいだろう。

授業研究会がなぜ専門性向上につながるか。授業研究会では、まず、対象として取り上げる授業の学習指導案、つまりその日の授業の詳細な設計図を、授業者はもとより複数の教師で事前に検討し、作成する。そして、授業研究会の当日は、他の教師がその授業を観察する。その際には、あらかじめ決められた視点で授業を観察する。つまり、目的を定めて観察するのである。そして、それをもとに、授業後に協議を行い、その授業を振り返り、また日頃の授業を振り返り、授業者のみならず、参加したすべての教師の授業改善を図っていく仕掛けなのである。

特別支援教育のみならず、教師の専門性が問われている。特別支援教育の視点やスキルは、どの学校種のどの教科を教えるにあたっても欠かせない視点であり、スキルである、という意識改革がまずは必要である。これなくして、授業改善は進まない。

指導の説明責任とともに、指導の結果責任が問われ始めている（中教審）。どのような指導をしているかだけではなく、その結果、どのような成果があったかを説明する責任である。

また、授業研究会が年間を通して定期的に行われているということは、保護者にも知らせておくことが重要であろう。そのような情報提供は、学校や教師への信頼感や安心感を提供することであろう。

授業研究会の一般的な進め方

授業研究会の進め方については、決まったものがあるわけではないが、一般的には、表4―1のような事項が含まれるであろう。

まず、(1)授業研究会の企画と準備、として、授業者や授業教科を決定することになる。そして、当日の授業研究会の流れを検討し（企画し）、必要な準備を進めていくことになる。

次に、(2)学習指導案の検討と完成、に示すように、その後の学習指導案の作成や検討を行うことになる。検討は、授業の目標、単元（あるいは題材）の概要、学級（児童生徒）の実態、授業の構成・流れ、板書計画、使用する教材・教具、などの観点が考えられる。そのうえで、障害のある児童生徒がいる場合には、その児童生徒のより詳細な実態、個別の目標、個別の配慮、個別の評価の観点などが、加わることになる。

そして、いよいよ、(3)当日の授業（研究授業）の実施、である。ここでは、授業研究会の規模（校内での位置づけ）により、学年の教師が参観（観察）する場合、対象教科の担当教員が参観（観察）する場合、全教師で参観（観察）する場合など、がある。あるいは、その学校が位置する中学校ブロック、市町村レベルなど、より広域からの参加者によることもある。また、ライブの参加（観察）ではなく、別室でのモニターによる参観（観察）や、VTRに

表4-1　授業研究会の企画・準備から実施後までの一連の事項

授業研究会に関わる事項	具体的な事項
(1)授業研究会の企画と準備	授業者や授業教科などの決定 当日の授業研究会の企画
(2)学習指導案の検討と完成	学習指導案の作成 当日の授業の準備
(3)当日の授業(研究授業)の実施	他の教師による参観・観察・記録
(4)授業後の協議の実施	本日の授業研究会の目的や流れの説明 授業者からの報告 論点を絞った協議の実施 外部の専門家の参加があればコメントをもらう 協議事項の整理とまとめ
(5)授業研究会の振り返り	口頭、質問紙、その他

よる場合も考えられる。

その後は、(4)授業後の協議の実施、となる。一般的には、司会者の進行により、当日の授業研究会の目的や流れの説明がなされる。続いて、授業者からの報告（授業の経過や、成果・課題、気持ちなど）がなされ、その後、いくつかの論点を絞った協議が実施される。協議にあたっては、外部の専門家の参加があれば、協議に参加してもらったり、コメントをもらったりすることになる。そして、司会により、協議事項の整理がなされ、まとめが行われる。

最後に、(5)授業研究会の振り返り、がなされる。これは、授業研究会の参加者全員の場合もあるが、授業実施者や企画者など限られた者で行うことも考えられる。また、その手法としては、口頭、質問紙、自由記述式などが考えられる。

以上、授業研究会の企画・準備から実施後までの一連の事項について解説したが、これはあくまでも一つの例として紹介したもので、各学校によって違いがあり、あるいは、市町村によって独特の特徴（習慣）が見られる場合もあることに注意したい。

年間を通した計画的な授業研究会の設定

授業研究会は、必要と感じたとき（思い立ったとき）に行うものではなく、年度初頭に年間計画を立てて計画的に行うことになる。位置づけは、授業改善委員会、研修委員会、研究委員会など、学校によってさまざまであろう。

計画に盛り込む事項としては、次のものが考えられる。

○授業研究会の実施回数、内容、方法、時期

○授業研究会の規模（参加教師の対象）をどのようにするか

　全校、学年、教科担任など

○複数回の授業研究会を行う際には、それらの関係をどうするか

（例：年度の初めに、学年ごとに授業研究会を行い、それを踏まえて、研究を進め、その後、

　全校規模の授業研究会を実施する）

○何か、特定のテーマに沿って1年間を通して行うか、いなか
（例：今年度は、授業研究会はすべて、国語について行う）
○授業研究会に対する、年間を通したテーマを設定するとすればどうするか
（例：今年度は、規模の異なる10回の授業研究会を通して、発達障害のある子どもにも配慮した授業の進め方について研修を行う）

授業研究会の評価

授業研究会を行うのであれば、その成果の評価をすることは重要である。内容としては、授業研究会の持ち方、授業の実施、授業研究会の波及効果、などが想定される。

次に、授業研究会の成果（outcome）の評価をどのような観点で行うかということである。例えば、表4-2のようなものが考えられる。

授業研究会の成果は、基本的には授業を実施した教師の授業改善につながり、より質の高い授業へと進化していったかどうかで見る。

そのうえで、授業を観察し、その後、授業研究会に参加した教師にとっても、やはり、授業改善につながり、より質の高い授業へと展開していったかどうかで見る。これは、当然のことであり、もし、授業研究会が授業を実施した教師のみの授業改善にしかつながらないと

表4-2　授業研究会の成果（outcome）の評価の観点

教師：	・授業者の授業が改善される ・授業観察者（研究協議に参加した者）の授業が改善される ・授業に対する意識や姿勢が向上する
児童生徒：	・子どもの学習に成果が見られる ・子どもの行動に成果が見られる ・子どもの満足感が向上する

すれば、校内のすべての教師の授業改善にかかるコストは、計りしれない。他者の授業を見て自己の授業を振り返ること、これこそが、授業改善のもう一つの使命である。

次に、授業改善がなされたかどうかは、まずは、教師間でそのことを実感（あるいは確認）できればよいのであるが、授業改善により、子どもの学びが一層進むことから、子どもの学習に成果が見られるか、子どもの行動に成果が見られるかどうかの観点が必要である。また、わかった、理解できた、楽しかった、といった授業に対する子どもの満足感の向上の有無も考えられる。

基本的には、授業研究会の成果は、右記のような教師、そして児童生徒で見ていくが、そのような成果は、保護者の、教師や学校に対する信頼や安心の向上につながっていくであろう。

なお、学校によって、地域によって、授業研究会の進め方は実にさまざまである。他のスタイルの授業研究会について知ることで、これまで行ってきた授業研究会を振り返り、必要な改善策を考える際の参考になるであろう。

5　指導・支援を支える取り組み

放送番組の充実

２０１２年にＮＨＫで放送された「スマイル！」は、発達障害のある子どもの教育に焦点を当てた教育番組で、小学校低学年を主にターゲットとしている。番組は、特別支援教育と学級活動の両方を視野に入れているということも特色である。

特別支援教育と学級活動は深く関わっている。小学校への就学時や入学後の低学年では、学級活動がとても重要である。学級活動がうまい具合に行われると、それが下地となり、確かな学力の形成や豊かな心の育成が進む。逆に、不登校児童が目立って多いとか、授業中が学級崩壊のような状態になっているとか、あるいは、そこまではいかないものの、学級で交わされる子どもたちの言葉が刺々《とげとげ》しいとか、居心地が悪そうにしている子どもが多いといった場合、学級活動がうまい具合に行われていないのかもしれない。

一方、特別支援教育では、一人一人の多様な教育的ニーズを踏まえて、人間関係の形成、コミュニケーション、環境の把握、健康の保持といった、人が生きていくうえで基礎となるような大切な内容（特別支援学校の学習指導要領で示されている「自立活動」）を具体的に指導していく。つまり、学級活動をうまい具合に行っていく際の基礎となるようなものとしても考えられる。各教科等の指導の際に、特別支援教育の配慮をしていくことが大切である。そして、このような学級全体で取り組むことのよさもわかってきた。そのうえで、特別支援教育では、障害のある子ども一人一人の個に応じた指導や支援も大切にする。右記のような学級全体の指導の他に、例えば、放課後の個別指導や通級による指導など、個別に特別な指導が必要な子どももいる。まさにこのような点を踏まえ、特別支援教育と学級活動をうまい具合に絡めながら進めていく際のヒントとなるように構成されている。

また、ＮＨＫ「バリバラ」では、２０１３年２月、教育をテーマに取りあげ、就学の現状や保護者の悩み、考えが紹介された。

教材教具データベースの充実

近年、発達障害のある児童生徒用の教材教具データベースが充実してきている。

例えば、特定非営利活動法人全国ＬＤ親の会は、すでに１０００に及ぶ教材教具のデータベース「発達障害児のためのサポートツール・データベース（ＬＤ、ＡＤＨＤ、高機能自閉症等のある子どもたちに対するサポートツール検索サイト）」を構築し、Ｗｅｂサイトで無料公開している（http://www.jpald.net/kyozaidb.html）。

このデータベースの構造は、読む、書く、話す、聞く、算数、推論、その他の事項について、困難の状況等から、該当する教材教具を選び出すことができる。さらには、その中から、教材教具を実際に活用してみた際の実践事例（検証事例）が掲載されていることから、実際の活用の仕方や効果について知ることができる。教材教具は、市販のものと手作りのものが含まれている。

このサポートツール・データベースは保護者からの「子どもの困難」「困っていること」「こんなツールがあれば」といったニーズから生まれたものである。教員や専門家の方が、「困難の要因」を分析・整理したうえで、既存教材の収集や新規ツールを開発して、サポートツール・データベースの基礎資料が作成された。学習の場での教材教具だけでなく、子どもの生活全般においてサポートできるツールも網羅している。さらに、将来につながる身につけておくべき項目に重点を置き、就労・自立を見据えた支援につながる「サポートツール」となっている。収集・整理した教材・教具は、発達障害のある子どもに関わるすべての関係者が活用しやすい形を考え、「サポートツール・データベース」としてシステム化されている。メインコンテンツとして、「困難」「困難の要因」「サポートツール」「実証データ」

が作られ、教員や保護者が使いやすいコンテンツとなっている。子どもが現在抱えている困難から有効と思われるツールを検索でき、「困難」が同じであっても「困難の要因」が異なればそれぞれ異なったツールが検索できるようになっている。また、実証データもサポートツール・データベースと連動させ、検索したサポートツールの詳しい実証状況を参考できるようになっている。

一方、国立特別支援教育総合研究所は、発達障害教育情報センターが「教材・教具のデータベース」を構築し、Ｗｅｂサイトで無料公開している。このデータベースも、領域（聞く、不注意、社会性など）、対象（就学前、小学校、中学校）などから構成されている。さらに、発達障害のみならず、他の障害についても、指導方法や種々の情報の共有などについて、特別支援学校や都道府県の教育センターなどが、Ｗｅｂサイト等で公開している。

第Ⅱ部　特別支援教育が始まるまで

——歴史から学ぶ——

第5章　明治初頭、近代国家型教育の完成と教育の使命
――等級制から学年制への移行と能力差の顕在――

1　等級制の誕生と学年制

中世ヨーロッパの学校には学級（class room）はなかった（柳、2005）。つまり、子どもたちが集う場所は、さまざまな年齢の子どもたちであふれ、同年齢でグルーピングするということはなかった。また、教授活動全体の計画のようなもの、つまり、現代の教育課程（カリキュラム）というものもなかった。そして、英国では、19世紀になって、読み書きや計算などの能力で生徒を分けて指導するシステムが誕生していく。学年別ではなく、能力別の編成、いわゆる等級制である。

一方、日本で学級が制度化されたのは、1891（明治24）年とされている。それは、学制として、義務教育制度が始まった1872（明治5）年から20年近く経ってからであった。それまでは、学級はなく、個別に、能力に応じた指導がなされていたのである。つまり、等級制であった。

習得すべき一定の内容を、年齢に関係なく、順に学んでいき、習得の状況に応じて、次の段階に進んでいくという方式は、子どもにも無理はないように思える。しかし、子どもによっては、同じ段階にとどまり、なかなか次の段階に進めない場合もあるだろう。また、同年齢特有の考え方やスタイルは無視されることになる。現代の等級制の例としては、例えば、自動車学校の教習プログラムや、英語などの外国語検定のプログラムなどがそれであろう。

子ども一人一人の学びの成果をていねいに見ていけばいくほど、また、より多くの子どもが学校で学ぶようになっていけばいくほど、多様な能力の子どもが同じ場所で学ぶということの難しさが顕著になっていく。特に、ほんの一部の子どものものから、すべての子どものものへと学校教育の使命が変化していくに従って、学年制が登場するのである。

等級制という理念は、人の成長を発達段階に分けて捉えていこうとする、いわゆる発達論と大いに関係すると思われる。人は、一段ずつ発達段階を登っていき、大人になっていくのである。そして、人によっては、ある特定の段階で〝つまずき〟、同じ段階に一時、あるいは長くとどまるのである。なお、スイスの児童心理学者であるピアジェ（1896〜1980年）、ドイツの精神分析学者フロイト（1856〜1939年）、アメリカの発達心理学者エリクソン（1902〜94年）の生きた時代は、まさに、能力別編成の誕生、等級制、そして、学年制へと移行していく時期と重なっている。

さて、現代の日本の子どもは、学年制の仕組みの中で学んでいる。不登校などの理由で、学習空白が長年にわたるなどのことが顕著にあっても、年度が替わると次の学年へと進んでいく、落第は基本的にはない、などということから鑑《かんが》みて、諸外国と比べてもかなり厳格な学年制の状態にあるとも思える。

その一方で、そのような子どもが、例えば、放課後、学習塾・進学塾に通う場合、そこでは、明確な等級制の仕組みの中で過ごすことも多いのである。つまり、現代の日本の子どもは、子どもによっては、学年制と等級制の双方のメリットを享受しているとも思えてくるのである。しかし、放課後、すべての子どもが学習塾や進学塾に通うとは限らない、つまり、等級制のメリットを享受できる子どもとできない子どもがいるということである。これでよいのか。もし、等級制が、そのあり方によっては、一定のメリットがあるというのなら、公教育が責任を持ってその仕組みも取り入れていくことが必要であるとも思われる。

このように、遥か昔、諸外国においても、日本においても行われていた等級制は、今まさに、公教育における学年制のあり方を再検討する材料になりうるように思える。

2　日本の尋常小学校における等級制と落第

尋常小学校（1868〜1940年）は、1941年、日中戦争後に設けられ、第二次世界大戦の終了後まで存続した国民学校の前の制度の学校であった。尋常小学校は、それぞれ4年間の下等小学校と上等小学校に分かれ、それぞれ最下位の8級から最上位の1級まで分かれ、さらに、半年ごとの試験により、上の等級へと上がっていく仕組みであった。そして、子どもによっては、同じ等級にとどまり、また、別の子どもは、飛び級をしていった。

等級制のメリットとデメリットはさまざまである。例えば、デメリットの一つは、落第である。つまり、進級できず、同じ級にとどまるというものである。〝確実にわかってから次に進む〟のであって、〝わからないと、同じところにとどまり続ける〟（落第）ということである。その段階の内容を確かに習得してから次の段階へと進むのであるから、理解が乏しいにもかかわらず、年齢が上がると自動的に次の段階に上がっていき、さらに難解な内容の習

表5-1　青森県における定期試験の及落者数

明治14（1881）年

	受験者数	及第生	落第生	落第率
東津軽郡	2276	1831	445	19.6%
西津軽郡	3605	2717	887	24.6%
中津軽郡	2854	2254	600	21.0%
南津軽郡	4791	3569	1222	25.5%
北津軽郡	3388	2235	1153	34.0%
上北郡	2155	1794	361	16.8%
下北郡	1704	1411	291	17.1%
三戸郡	5994	4555	607	10.1%

受験者数の合計が合わない郡もあるが、理由は不明。
『文部省第九年報』より作成

表5-2　全国の中学校卒業者数と中途退学者数

	卒業者数	中途退学者数
明治33年（1900）	7,747	11,178
明治34年	9,444	11,676
明治35年	11,131	16,099
明治36年	12,417	19,760
明治37年	14,215	17,824
明治38年	14,406	17,214
明治39年	15,556	18,937
明治40年	15,238	18,639
明治41年	14,605	18,827
明治42年	15,790	18,582
明治43年	16,763	17,653
明治44年	17,561	17,191

『文部省年報』各年度より作成（いずれも中学校本科生徒のみ）

両表とも斉藤利彦著『試験と競争の学校史』（2011年）より

得が求められるということはないのである。その意味で、実は、メリットでもあるのである。

明治期の初頭には、落第の基準が作られ、地域や学校によって、10％、20％、30％、あるいは80％の子どもが落第していたというデータもある（斉藤、２０１１）。

こうして見ると、落第というのは、何も珍しいことではなかったようだ。落第には、学力の問題のみならず、貧困など当時のさまざまな個人的社会的理由が考えられる。

なお、落第した子どものその後の年月にわたる個別のデータや、成績も含めた落第に至った経緯（理由）などの個別のデータがあれば、その分析により、いわゆる知的障害などの状態を示す子どもの存在や、そのような子ども一人一人の様相、そのような状態の子どもの数などについて議論することが可能となってくるだろう。

3 「優等児」研究の急務

尋常小学校が制度化され、やがて等級制と落第が問題になっていったことを先に述べたが、その間に、今で言う知的能力の高い、いわゆる知的優秀児に関する研究が急務であるとの主張がかつてあった。

京都帝国大学の教授（医学博士）、榊保三郎《さかきやすさぶろう》は、1910（明治43）年に、『異常児ノ病理及教育法 教育病理及治療学』（上下2巻）を刊行している。文部省の学校衛生調査嘱託をしていた榊は、東京帝国大学の心理学の教授（文学博士）、元良勇次郎《もとらゆうじろう》らとともに同書をまとめ上げた（榊、1910a、榊、1910b）。その中で、「（乙）特殊児童教育法研究ノ必要附優等児研究ノ急務」として、「低能児及劣等児」の教育が、当時、初等教育上の問題の首位を占めるまでになってきているものの、「優等児（及天才児）」については、不十分であり、理論と実際に関する研究が推進されることを切望しているという記述がある。なお、「低能児及劣等児」について、他の児童とは学級編成を別にして特別の取り扱いをすべきか、そうではなく、その学級での指導や授業においていくぶんの注意を払えばよいのかというような問題は、「低能児及劣等児」に関する研究の急務の課題であるとの記述もある。

今から100年以上前の時代に、すでに、知的能力の低い児童らの研究に加えて、知的能力の高い児童にも注目していたことは非常に興味深い。しかしながら、このような画期的な芽は、知的能力の低い児童への教育の着実な進展とは異なり、戦後特殊教育の充実発展の時期においても本格的には扱われなかった。そして、21世紀の初頭、特別支援教育の時代になって、知的障害のない発達障害がその対象に加わったことで、知能が特に高い状態で何らかの発達障害のある子どもへの指導・支援が注目され始めたのである（第11章参照）。

この問題に限らず、当時の（遠い昔の）専門家や著名人らによる主張の内容が、その後、時代とともにどのように展開していったか、あるいはなぜ展開していかなかったかについて調べていく歴史研究は重要であると思う。

第6章　障害のある子どもの教育の始まりから世界大戦まで
——欧米諸国からの輸入と日本独自の熟成——

1　障害のある子どもの学校の誕生

京都に盲唖院設立

1878（明治11）年に、古河太四郎《ふるかわたしろう》（1845〜1907年）が創始した京都盲唖院をもって、日本の障害のある子どもの教育の幕開きとされる。場所は、京都御所や京都府庁の近くであり、建築設計図面も残っている（木下・大原、2010）。

これを機に、全国に盲唖院が設立されていき、1923（大正12）年の盲唖分離令により、盲学校と聾学校は分離していった。なお、2007（平成19）年の、特殊教育から特別支援教育への転換に伴う、特別支援学校制度の創設により、複数の障害種を併設する学校の設立が可能となり、現在では、複数の障害の部門を持つ学校への移行が進んでいる。

京都盲唖院の設立後、文部省に盲唖院係が開設される（文部省特殊教育課を経て、現在の文部科学省特別支援教育課へ）。そして、現在でいう、知的障害、肢体不自由など、種々の障害に拡大していった。

わが国初の精神薄弱（現在の知的障害）者施設の設立

滝乃川学園《たきのがわがくえん》は、現在、東京都国立市《くにたち》にある日本最初の知的障害者の教育・福祉施設である（当時、知的障害は精神薄弱と呼ばれていた）。

現在の佐賀県に生まれた石井亮一《いしいりょういち》（1867〜1937年）は、明治から昭和初期にかけての社会事業家であり、日本の知的障害者福祉の創始者である。日本の「知的障害者教育・福祉の父」と呼ばれる。一方、現在の長崎県大村市に生まれた夫人の筆子《ふでこ》（1865〜1944年）は、津田梅子《つだうめこ》とともに日本の近代女子教育者の1人であり、「知的障害者教育・福祉の母」と呼ばれる。

石井亮一は、1891（明治24）年濃尾《のうび》（現在の岐阜県・愛知県）大地震で「孤女」となった子どもを集め、私財を投げうって孤女学院を設立し、指導を始めた。しかし、子どもたち

精神薄弱児施設「滝乃川学園」年表（石井亮一・筆子）

1891年	石井亮一により、孤女学院開設（濃尾大地震で孤女になった子どもを集めて）
1897年	知的障害児の教育に特化し、孤女学院を滝乃川学園と改称する。付属保母養成所開所
1937年	初代学園長石井亮一逝去。第二代学園長に石井筆子就任
1944年	第二代学園長石井筆子逝去
1952年	社会福祉法人に改組
2006年	第二代園長石井筆子の生涯を描いたドキュメンタリー映画『無名の人』が製作・公開される
2007年	石井筆子の生涯を描いた劇映画『筆子・その愛天使のピアノ』が製作・公開される

2002年に長崎県大村市教育委員会が発行した、石井筆子の生涯を紹介する本

の中に、他の子と同じような指導では成果があがらない子どもがいることに気づき、米国に調査に出かけ、指導例も調査し、彼らに特別な指導を始めた。これが精神薄弱児の施設、滝乃川学園の始まりであった（1897年に改称）。

石井亮一と筆子が、わが国の知的障害教育・福祉の礎を築いたのであり、その教育は、現在の特別支援学校や小中学校に設置された特別支援学級における知的障害教育に継承された。学園は、途中何度か閉園の危機に立たされるが、この2人の努力により、なんとか持ちこたえた。もし、途中で閉園となっていれば、わが国の知的障害教育、ひいては障害児教育は、大きく後れを取ってしまったかもしれない。

石井筆子は、盟友の津田梅子とともに、婦人の人権向上に奔走したという。政府から派遣されて、海外調査にも出かけている。二人はともに、女性の権利や人権について学び、日本におけるその向上に尽力した。やがて、石井筆子は、障害のある子どもの人権擁護や向上に取り組み、一方、津田梅子は、わが国初となる女性の高等教育機関として津田塾大学を創設し、女性が高等教育機関で学ぶ時代を夢見た。

この二人が夢見たことは、一つであった。それは、女性の地位向上である。当時、海外の近代国家とは異なり、女性の権利の向上、人権の確保は大きく後れを取っていた。二人は、そこに目を向け、そのことが、高等教育を含む女子教育の向上や、震災で親を亡くした女児の養護、そして、障害のある子どもの教育、といった種々の方向に広がっていったにすぎないのである。そのような活動は、明治の半ば以降、着実に実を結んでいった。

2　肢体不自由教育などの台頭と充実

日本の肢体不自由教育の始祖と言われているのが、高木《たかぎ》憲次《けんじ》（1888〜1963年）である。ドイツ留学後、高木による、治療と教育が同時に受けられる場の提唱が、後に、日本初となる肢体不自由の特別支援学校となる、東京市立光明学校（1932〔昭和7〕年）や、整肢療護園（1942〔昭和17〕年）の創設につながっていったとされる。なお、肢体不自由という言葉も高木の案出によるものとされている。

また、病弱・身体虚弱教育では、当初、国民体位向上の要請から、学校衛生の立場から取り上げられたとされている。そして、一時的な休暇集落ではなく、常設的施設としては最初となる、白十字会が神奈川県茅ケ崎に設置した林間学校（1917〔大正6〕年）は、正規の教育機関（養護学校）として認可された。一方、東京市鶴巻《つるまき》小学校には養護学級が設置され（１９２６年）、全国の各小学校において特別学級が設置されていった。

第7章　戦後から20世紀末までの道程
――再設計、着実な展開、そして硬直化――

1　特殊学級と盲・聾・養護学校の充実

戦後、文部省は、まず、障害のある子どもの実態を全国的に把握するために、障害種別に、順次、数年かけて全国調査を行った。障害によっては、何年か後に再調査を行っている。病弱もその一つで、終戦直後の例えば栄養面や蔓延《まんえん》した種々の病気などから、復興に伴う変動を確認し、今後の対応策を検討する際の資料にしたかったのであろう。そして、この一連の調査の結果が、戦後の、特殊学級や特殊学校（盲・聾・養護学校）の設置の設計を行う際のデータとして使われたことであろう。

障害のある子どもの状態の把握には、判別する基準が必須《ひっす》だが、1953（昭和28）年、当時の文部省は、「特殊児童判別基準とその解説」を刊行した（文部省、1953a）。「教育上特別な取扱を要する児童生徒の判別基準の解説」という副題が付いている。その書の冒頭に、次のような記述がある。いずれも、1952年に、文部省に設置された特殊教育室の初代室長であった、辻村泰男《つじむらやすお》の記述である。

「特殊教育の効果が認められその振興の必要が痛感されている今日、いざ具体的に養護学校なり特殊学級なりを創設または経営していこうという際に、まず当面するのは、この教育の対象者を、一般児童・生徒の中からどのようにして選び、これをどのように扱ったらよいか、という問題である」

「およそ特定の段階や基準を設定しようとすれば、連続的に変化している一つの系列の、どこかを切って、そこに線を引き、そのくぎりをつけなくてはならない。この場合その線に近い両側の部分についてみれば、かかる裁断には無理があるように見える。しかし、大量観察の立場からすれば、この種の矛盾もやむをえないことで部分的あるいは個別的な問題はしばらく無視せざるをえない。ところが、一たびことが特殊教育の問題になると、ここでは個別的な取扱ということが生命となっているから、右のような大胆な個別性の無視は、われわれの場合はさほど簡単には許されないのである。このような困難の中で、関係委員諸氏は最善の良心と努力を重ねられた末、ようやく一応の成案をえて、これをさらに省内で事務的に整理した結果がここに収録した『教育上特別な取扱を要する児童生徒の判別基準（試案）』である」

この後、文部省は、この試案を活用して、全国調査を開始した。

なお、辻村の「およそ特定の段階や基準を設定しようとすれば、連続的に変化している一つの系列の、どこかを切って、そこに線を引き、そのくぎりをつけなくてはならない。この場合その線に近い両側の部分についてみれば、かかる裁断には無理があるように見える」という言葉は、現在でいう発達障害のある児童生徒に関する国の全国調査（２００３、２０１２）を思い出させ、とても興味深い。そしてまた、当時の特殊教育の対象者をどのように選び、扱ったらよいかという問題も、現代でも新たな視点から考えていかなくてはならない重要な課題でもある（第11章「対象と範囲の問題」のところで取り上げる）。

やがて、いわゆる「辻村答申」が示される。この辻村とは、先の辻村泰男のことで、厚生省、文部省を経て、１９７１（昭和46）年に設置された国立特殊教育総合研究所（現在の、国立特別支援教育総合研究所）の初代所長に就任した（詳しくは後述）。

まず、障害の重い子どもや重複している子どもへの対応としては、１９７５年に示された「重度・重複障害児に対する学校教育の在り方について（報告）」および、その３年後の１９

78年に示された「軽度心身障害児に対する学校教育の在り方（報告）」がある。これらにより、その後のわが国の障害児教育の充実・発展につながっていった。いずれも、辻村が、それらの取りまとめの代表であったことから、一般に「辻村答申」と呼ばれている。

特殊学級の充実

終戦後、日本の新たな教育の形を作り上げていくまっただ中の1953（昭和28）年に、文部省が『特殊学級経営のために』（学陽書房）を刊行した。その序で、辻村泰男が、1952年時点の調査で、特殊学級が全国に838学級あるもののまだまだ足りず、特殊学級を発足したもののただちに直面する諸課題にどのように立ち向かうのかという多くの疑問が立ちはだかっている、というような趣旨のことを述べている。

そして、当時の特殊学級の普及が容易でない現状として、(1)担当者の確保、(2)関係者の理解と協力を得ること、そして、(3)全校教職員の全面的協力体制の確立、の3点が困難であるとしている。

実は、この3点こそ、その意味や内容は時代とともに少しずつ変化してきているものの、それから60年後の現代に至るまで、特殊学級（現在の特別支援学級）の課題として、継続して取り上げられてきているものである、と言ってよいだろう。当時と変わらない重要な課題として今日まで残っているということは、それらが特別支援学級という仕組みの普遍的な特徴と見ていいのだろうか、あるいは、関係者の努力不足と見るべきなのだろうか（以上、柘植、２０１２b）。

また、この中で、特殊学級担任者となる要件として、次の７点を挙げている。

⑴教育に対する熱意が特に強いこと。
⑵特殊教育に対する興味、関心、研究の熱意があること。
⑶児童生徒の身体的精神的成長発達の科学的研究に特別な興味が深いこと。
⑷研究心旺盛《おうせい》で、かつ健康で激務に耐え得ること。
⑸特殊児童に対する同情と愛情の深いこと。
⑹普通学級指導においてもりっぱな成績をあげていること。
⑺精神医学的、教育心理学的な素養を背景に持っていること。

そして、これらのうえに、宗教的な信念と情熱と愛情を持つ教師であるのが望ましいとまで述べている。このように、当時の特殊学級担任者となる要件をかなり高いレベルに設定していたことがわかる。

さらに、同書には、特別に優れた才能を持つ児童への指導の重要性についても記述がある。

盲・聾・養護学校の充実

第6章で見たように、明治期より、それぞれの障害ごとにその教育を行う学校が設立されていき、全国に広がっていった。そして、視覚障害の子どもの教育を行う盲学校と、聴覚障害のある子どもの教育を扱う聾学校は、いち早く義務化され、教育の充実が一層図られていった。一方、知的障害教育、肢体不自由教育、病弱教育を行う学校は、養護学校として一括して扱われてきた。盲・聾・養護学校という言い方がしばらく続いた。そして、盲学校や聾学校がいち早く義務化されてもなおしばらく義務化されなかった。そのことにより、その3つの教育の本格的な充実は、やはり、養護学校の義務化（1979〔昭和54〕年）を待ってからということになった。

義務化前の知的障害者を教育する養護学校は、知的障害の程度が軽度の子どもが中心で、重度や重複障害の子どもは学校には通えなかった。つまり、重度・重複障害者は、就学猶予や就学免除として、自宅や障害者入所施設に待機していたのである。この当時の保護者側からの記述として、ダウン症の子を持った父母の手記がある（正村、2001）。

1999（平成11）年3月の学習指導要領改訂により、2000年からは、高等部の訪問教育が制度化された。

一方、養護学校の義務教育化によって、重度・重複障害者の在籍比率が急速に増加していき、軽度障害の児童生徒への教育が十分に行えないという状況が新たに生じていった。このために、一部の自治体では、軽度の知的障害の生徒に対する職業教育や専門教育の場と位置づけた高等養護学校、つまり、高等部だけが設置された養護学校が設立されていった。

１９９９年３月の文部省告示「盲学校、聾学校及び養護学校小学部・中学部学習指導要領（第1章、第９節⑿特殊教育に関する相談のセンターとしての役割）」において、「地域の実態や家庭の要請等により、障害のある児童若しくは生徒又はその保護者に対して教育相談を行うなど、各学校の教師の専門性や施設・設備を生かした地域における特殊教育に関する相談のセンターとしての役割を果たすよう努めること」と示された。これは、後に、21世紀になって新たに誕生した特別支援学校のセンター的機能に結実していった。

なお、このような盲・聾・養護学校制度のさまざまな課題や問題点が叫ばれ、なんとか現代化を図り、さらなる教育の充実を目指す機運や期待が高まっていった。

そして、そのような盲・聾・養護学校制度を大きく転換することになったのは、21世紀になって、それまでの国際的な動向とも相まって、障害のある児童生徒一人一人の教育的ニーズの適切な把握とそれへの対応、ということを、２００１年１月の中央省庁再編で新たに誕生した文部科学省が、その1月に取りまとめたことによる（「21世紀の特殊教育の在り方について（報告）」）。

そして、2007年4月からの特別支援教育制度への転換に伴い、特別支援学校制度に転換し、それまでの盲学校、聾学校、養護学校という3区分から、法令上、特別支援学校という1区分になり、そのなかで、知的障害教育、肢体不自由教育、病弱教育、視覚障害教育、聴覚障害教育の5つに分けられた。また特別支援学校では、複数の障害に対応する教育が可能になったことと、地域を支えるセンター的機能が法令上位置づけられたことが特筆される。

2　国立特殊教育総合研究所の設立と辻村泰男の夢

1971（昭和46）年、国立特殊教育総合研究所が文部省の直轄研究所として設立された。今から、42年前のことである。その、神奈川県横須賀市の野比《のび》海岸に面した地は、隣に国立療養所があるだけで、何もなかったことが当時の写真からうかがわれる。

それまで日本が対応してこなかった重度障害の子ども、重複障害の子どもの教育の研究拠点として、そして、すべての障害のある子どもの教育の研究拠点として設立されたのである。しかも、研究のみならず、研修、相談などを行う、わが国唯一のナショナルセンターとしての発足であった。精神薄弱教育研究部、視覚障害教育研究部など、障害種別の研究部がいくつか設置されたが、その他に、教育工学研究部という障害種別ではない部が設置されたのも、総合研究所としての位置づけを確固たるものにしたことだろう。

１９７０年代は、世界的にみると、この分野では重要な事柄がいくつか見られる。１９７５年、アメリカでは、ＰＬ94－１４２（全障害児教育法）が施行された。現在のＩＤＥＡへとつながる重要な法令の一つである。そのなかで、ＩＥＰ（個別の教育プログラム）、ＬＲＥ（最も制約の少ない教育）、ＦＡＰＥ（無償で適切な公教育）など、重要な考え方や仕組みが示され、そしてまた、学習障害を制度として対応する障害とされるなど、アメリカでの障害のある子どもの教育を大きく転換することになった。

一方、イギリスでは、１９７６年制定の教育法により、障害児は通常学級で教育されるべきであるという原理を具体化した（同法第10条）。そして、１９７８年、ウォーノック報告により、従来の障害種別カテゴリーを撤廃し、「特別な教育的ニーズ（Special Educational Needs）」という包括的な概念を提言した。この概念は国際的にも影響を及ぼすことになった。

国立特殊教育総合研究所初代所長の辻村泰男は、１９１３（大正２）年神奈川県生まれで、東京大学で心理学を学び、同大学航空研究所心理部、戦傷者の援護事業、厚生省、文部省、お茶の水女子大学を経て、１９７１年設立の本研究所の初代所長に就任した。

辻村泰男は、著書『障害児教育の新動向』（１９７８〔昭和53〕年発行）のなかで、以下のことを述べている。

「これ以上に障害児教育を推進するには通常教育がもっと障害児に向き合って寄り添ってきてくれないと駄目だ」

「通常教育の守備範囲がもっともっと広がって、障害児も受け入れていってほしい。もしそうなるなら、特殊教育なんてなくなってしまってもよいと思う」

「日本の高等学校にも特殊学級が必要だ」

これらの発言が、国立の研究機関のトップによるものということが驚きである。今まさに、現代の特別支援教育のさらなる充実に向けて検討すべき課題群である。辻村は、本当に、障害児教育を愛していたからこそ、そしてまた、現状をしっかり捉えていたからこそ、現状を憂い、将来を案じて、展望したうえでの発言だったのであろう。

そして、このことは、実は非常に重要なことを私たちに教えてくれていると考えたい。つまり、⑴あれから40年以上が経過してもクリアできないほどの難問だったのか、それとも、⑵この長い期間のさまざまな関係者の怠慢（あるいは努力不足）だったのか、あるいは、⑶それらは、そもそも、意味のない提案だったのか。

国連による、障害者権利条約の批准に向けた作業がわが国においても進められており、特に教育分野に関連しては、２０１２年7月には、中央教育審議会のとりまとめがなされた。そのなかで示された「インクルーシブ教育システムの構築」に向けて、特別支援教育を一層進化させていくことが必要であろう。この時に、辻村の、「これ以上に障害児教育を推進するには通常教育がもっと障害児に向き合って寄り添ってきてくれないと駄目だ」、「通常教育の守備範囲がもっともっと広がって、障害児も受け入れていってほしい。もしそうなるなら、特殊教育なんてなくなってしまってもよいと思う」という先の発言が、とても新鮮に思えてくるのである。

設立当初から、この分野におけるわが国唯一のナショナルセンターとして、その基本的なミッションを遂行してきた。具体的には、特別支援教育政策や行政に寄与する研究、各学校現場で役立つ実際的研究に取り組んできた。また、全国で指導者的な立場に立つ教員、管理職、教育委員会担当者等を主な対象とした多様な研修会を実施してきた。さらに、特別支援教育に関するさまざまな情報の収集と提供、普及・広報活動に取り組んできた。また、諸外国や国連などからの情報収集や調査研究、および国際交流等の事業も継続して実施してきたことは、他の機関にはない大きな特徴である。

3 硬直化と欧米からの遅れの明確化

1970年代になると、諸外国の状況が紹介されるようになり、日本の関係者が、日本の特殊教育を客観的に見られるようになっていったと思われる。

例えば、養護学校（現在の特別支援学校）の義務化により、それまで障害が重度ということなどで、養護学校には通えなかった（そのような子は受け入れていなかった）子どもが、たとえどんなに障害が重くとも養護学校に通えるようになっていった。このことは、世界的にも稀であろう。まさに世界に誇れることである。

その一方で、日本の特殊教育の問題点も明らかになっていった。ニーズ、サイエンス、パートナーシップの視点がなかった、あるいは、少なかった、ということである。この3点は、新たな特別支援教育の基本的な考えでもある。（柘植、2012a）

20世紀の半ばから、20世紀の終わり頃にかけて、当時の特殊教育の劣化、不全感などを感じていたが、特殊教育を思い切って改革しようとする機運が高まっていた頃でもあった。その頃、いろいろな会合で、質疑応答の際に、これからの特殊教育に必要なものは何だと思いますか、という質問をよく受けるようになった。同じような感覚を多数の人が持っていることに気づいていった時でもあった。

まず、特別支援教育への転換がなされる前の、特殊教育の時代の最大の問題点は、現在でいう、知的障害のない発達障害（学習障害〔ＬＤ〕、注意欠陥多動性障害〔ＡＤＨＤ〕、高機能自閉症、アスペルガー症候群）への教育的対応が、日本の制度になかったことである、といってよいだろう。

例えば、学習障害では、アメリカでは１９７５年のＰＬ94－１４２（全障害児教育法）で学習障害が制度としての対応を行う障害として認定された。あるいは、韓国では、１９９４年の特殊教育振興法により、学習障害が法令上明記された。一方日本では、１９９９（平成11）年に学習障害の定義と判断基準が案として示され、通級による指導の対象となったのは、それから７年後の２００６年であり、２００７年の学校教育法の改正により、発達障害のみならず小中学校の通常学級で学ぶ障害のある児童生徒など、特別な教育的支援が必要な子どもへの対応が明記された。

また、そのことと関連して、障害のある子どもの教育に関する予算の使い方について、当時、国立特殊教育総合研究所が招聘《しょうへい》した北米のある研究者が、所内の講演で次のような発言をしたことを覚えている。

「我々は、普通、下着をつけて、シャツを着て、スーツを着て、寒ければコートを羽織り、さらに寒ければマフラーや手袋もする。でも、日本は、下着しか身につけていないようなものだ。でもそれに掛かっている金額は我々と同じだ、とすれば、たいそう高級なパンツだ」

このことは、障害のある子どもの教育に関する関連予算が、日本では、盲・聾・養護学校に集中しすぎていて、小中学校等で学ぶ学習障害（LD）など、発達障害のある子どもへの予算がない（ほとんどない）のではないか。バランスを欠いている。それでよいのか（大丈夫か）、というような内容だったと思う。

つまり、自国と比較して、日本の当時の特殊教育が、あまりにも盲・聾・養護学校に、気持ちも人材も予算も制度も重心を置きすぎている、ということを指摘したのである。

次に、当時、日本では、障害のある子ども一人一人の指導の計画はなかった、ということである。あったか、なかったか、といわれれば、なかったと答えたい。いや、あったのかもしれないが、しかし、それがシステムになっていなかったのである。つまり、法令上の位置づけがない（あるいは弱い）、計画の標準形が示されていない、作成方法や運用の仕方が不明である、保護者の関与が不明確であるなどといった状態であった。まさに、特別な教員や特別な養護学校などの個人芸だったわけである。

一方、欧米諸国（アメリカ、カナダ、イギリス、オーストラリア、ニュージーランドなど）では、ＩＥＰ（Individualized Education Program (Plan) 訳すとすれば、個別教育計画）が制度上存在していた。例えば、アメリカではすでに１９７５年には制度化（ＰＬ94－１４２）されていた。

この事項の他にも、日本では、良いものや先進的なものがあっても、ある地域のある学校のある教師一人のものであり、それがその学校や自治体や国のシステムとして構築されず、個々人の尽力にとどまってしまっていることに時々直面する。とても、もったいないと思う。他の国では、自国どころか、それをあたかも国際標準であるかのように、世界に売り出す場合もあるというのに。

この、システムという発想がなかった（あるいは、弱かった）というのが、これまでの特殊教育の最大の問題点であった。システムとして位置づけられると（本書の第２章参照）、それは、ＰＤＣＡサイクルで回され、定期的にあるいは随時評価にさらされる。つまり、振り返りのチャンスが生まれる。そして、改善が進んでいく。

盲・聾・養護学校が社会から分離されている、特殊学級が小中学校の校内で分離されている、あるいは、特殊教育が通常教育から分離されている、という表現がよく聞かれたのもこの頃だ。しかし、社会から分離されていたり、小中学校内で分離されていたり、通常教育から分離されていたのではなく、障害のある子どもの教育を、現代的、国際的な手法であるシステムとして構築しＰＤＣＡサイクルで運用する、ということができなかったという意味で、時代の流れ、国際的な流れから分離されていた、といってもよいのかもしれない。

日本の状況を考えるには、諸外国の状況を知ることが非常に重要である。なぜなら、わが国のことを客観的に見られるからである。他国と比べて、何が良くて何が拙《まず》いのか。例えば、各学校で行われる授業研究会がなぜ大切かというと、自分の授業を他者から見てもらい、良さと拙さを指摘してもらい、授業改善に向かう際のヒントとできるからである。あるいは、各自治体が、何かの事業を始めようとした時、基本的には、まず他の自治体の状況をいろいろ調べることになる。そして、それらを参考にして、わが自治体のあり方を考え、設計図を描いていくのである。自己を見つめる鏡を持っているかどうか、あるいはどのような鏡を持っているかどうかが問われるのである。先に紹介したように、諸外国からの招聘者の発言には、特段の注意を払う必要がある。日本が周りからどう見られているかを知るために。

4　障害のある子どもの教育が裁判で問われた事例

かつて障害のある子どもの教育が問われた裁判がいくつかあった。３例を紹介する。

(1)小学校の特殊学級在籍自閉症児——体育館転落負傷事件

事例の概要

東京のある小学校の特殊学級（現在の特別支援学級）に通う３年生の自閉症の子どもが、担任に叱られて体育館倉庫にいるうちに小窓から抜け出そうとして転落して負傷した。子どもの行動に対する特殊学級担任の予見可能性が争点となった。結果、予見可能であったとされ、また、特殊学級を設置する学校は高度な安全配慮義務を有するとされた。

（佐藤香代〔２００９〕障害のある子どもの学校側の対応責任　日本教育新聞、週刊教育資料、１０７０、教育問題法律相談、49、27）

この事例で、予見可能性とは、特殊学級の担任であれば、そのような状況に子どもを置くと、小窓から逃げようとすることは、十分に予見できたのではないか、というものであった。さらに、特殊学級の担任になって数年が経過しており、その間、自閉症に関する内容を含む研修をいくつか受けていたという。さらに、特殊学級を設置する学校は、高度な安全配慮義務を有する、というものであった。

この事例から学ぶこと

今の特別支援教育の時代では、それまでの特殊教育の時代以上に、特別支援学級の担当者のみならず、すべての教師が、ある程度以上の自閉症に対する理解と適切な関わり方を習得している必要があり、特に特別支援学級の担当者は、さらに一段高い専門性が欠かせないと感じる。そして、このような状況に教師を陥らせないように、特別支援教育に関する校内委員会など、校内で教師を支える体制を整備し、機能させておきたい。

(2)小学校（幼稚園）の障害児——給食無理強い、PTSD事件

事例の概要

大阪のある小学校で、1年生の通常学級に在籍する発達障害の児童が、担任から給食を無理強いされ、それにより心的外傷後ストレス障害（PTSD）になり、学校に通えなくなっ

たことで、その責任を問われて裁判になった事例である。

幼稚園時代に、すでに給食を無理強いされ、問題行動が生じたことを、就学前に小学校の担当者に伝えてあったにもかかわらず、小学校に入学すると、担任が給食を無理強いしたことで、学校に通えなくなった事例である。

「母親は、入学前、注意事項を伝えていた」「学校側が母親らから症状について積極的に聞き取らず、担任教諭らに周知しなかったため、PTSDが悪化した」「校長は、男児の状態や障害の特徴を把握し、注意事項を教諭らに周知する義務があるのに、怠った」「教育現場で発達障害への配慮義務違反を認定した判決」などと報じられた。

（2005年11月5日　新聞報道〔『読売新聞』〕）

この事例から学ぶこと

一つは、障害特性などからくる、こだわりによる独特な好き嫌いを示す子どもへの適切な食事指導のあり方を教師は学んでおくことが必要であるということである。各教科の学習指導のみならず、このような行動面での指導技術を高めておくことも必要である。さらに校内の学年進行時や、進学時における、必要な情報の引き継ぎのあり方を適切なものにしておく必要がある。現在では、その引き継ぎの最も重要なツールである「個別の指導計画」と「個別の教育支援計画」の適切な作成と運用がポイントである。

(3) 知的障害養護学校の自閉症児——自傷行動による失明事件

事例の概要

京都の養護学校（現在の特別支援学校）に通っていた小学部6年生の自閉症の子どもが、目に対する自傷行為により打撲性白内障となり、失明の結果を招いた。校内の対応・指導が争点になった、という。

当時養護学校教諭らが、自傷行為誘発防止義務（自傷行為を誘発させないよう防止する義務）、自傷行為防止義務（現に発現した自傷行為を軽減、消失させるように防止する義務）に違反したか否かが争点となった訴訟。原告は、自閉性障害児とその両親、被告は、公立養護学校を設置・運営している京都府、提訴は平成9年。平成17年1月、一審京都地裁は請求を棄却、平成19年6月、大阪高裁では教諭らの義務違反が認められ、原告が逆転勝訴。請求額は約1億円、認容額は約6300万円。

この事例から学ぶこと

児童生徒の実態の適切な把握と指導・支援のあり方（「個別の指導計画」と「個別の教育支

援計画」を含む）、担当教師の専門性の問題（自閉症の理解と効果的な指導法など〔この事例の場合は、特に自傷行動に関して〕）、校内の支援体制の構築と運用、管理職のリーダーシップをどう発揮するかがポイントであろう。

（以上の3つの事例は、障害と人権全国弁護士ネット編〔2009〕ケーススタディ：障がいと人権――障がいのある仲間が法廷を熱くした――生活書院を参照のこと）

これら3つの事例から共通して見えてくるのは、教員一人一人の専門性の確保がいかに重要かということと、やはり教員一人一人の尽力だけでは不十分で、校内の支援システムがうまい具合に構築され運用されているかの2点が問われる、ということである。教員それぞれが一定以上の高い専門性のレベルにあり、校内で一人一人の教員を支え、その持ち分を一層高めていくような校内体制がシステムとして構築され運用されていれば、そして、言うまでもないことだが、それらを含め、校長の卓越したリーダーシップが発揮されていれば、いずれの事件も回避できたかもしれないのである。つまり教員の専門性と学校の専門性である。

5　差別用語・差別的表現の歴史

知的障害は、以前、精神薄弱（mental deficiency）と言われ、その程度に応じて「白痴《はくち》」、「痴愚《ちぐ》」、「魯鈍《ろどん》」、「痴呆《ちほう》」と言われていた。このような言葉は現在では使われていない。それらの総称として使われていた精神薄弱という語は、あたかも全人的な問題かのような表現でもあった。精神薄弱の語が使われていた時代に、その程度を言うために、重度精神薄弱、中度精神薄弱、軽度精神薄弱という表現もあった。さらに、軽度精神薄弱には至らないが、正常ではない程度の状態を境界線と称することもあった。また、医学界では、知的障害について、精神遅滞（mental retardation）という語が使われてきた経緯がある。アメリカで、それまでのAAMD（アメリカ精神薄弱学会）が、AAMR（アメリカ精神遅滞学会）と名称変更されたのも、このような差別的な表現を避けようとする国際的な流れに対応するものである。

また、「めくら」（目が不自由）、「つんぼ」（耳が不自由）、「かたわ」（体が不自由）という言葉も、現在では使われていない。さらに、「片手落ち」「片肺飛行」「手短に」も差別的な表現とみなされることが多いだろう。

なお、現在、非常に残念なことだが、「ガイジ」という表現が、地域によっては、まだ残っている。これも知的障害をはじめ、さまざまな障害のある子どもに対する差別的な表現である。語源は、障害児の「がいじ」を取った略称と思われる。あってはならないことだが、障害のある子どものあだ名として使われることもある。

今から十数年前、九州地区で開催された人権教育の研究大会の報告が新聞に載った。「ガイジ」という言葉が使われていることの問題性が扱われた。すぐに、その地方のある自治体の教育委員会の担当者に尋ねたところ、「(この地域では)残念ながらまだ使われている。子どもが使うのを聞くことがある。一部だが、教師も使うのを聞いたことがある」という電話の声に唖然としたことを覚えている。そして、「あなたの街で、そのような差別的な表現を使う人がいなくなるようにするには、ただ期待して待っていてはいけない。絶対になくす、という強い気持ちとそれに向けた具体的な行動を起こさないと、5年過ぎても50年過ぎてもやはりその言葉は、あなたの街で使われ続けるでしょう」と伝えた。

なお、この「ガイジ」という言葉が、最近、横浜市のある小学校で発達障害の子のあだ名として級友から使われ、いじめにあって、保護者からの連絡にもかかわらず担任教師も学校も適切な動きをせず、結果的に、いじめを受けていた児童が他校に転校した、というようなことが報じられた（平成24年7月の『神奈川新聞』）。その学校では、今では、「ガイジ」という言葉は一切使われていないだろうか。その学校のある地域ではどうだろうか。とても気になる。もし、万が一、まだその学校や地域で使われているとすれば、それはとんでもないことである、と考えるのが普通であろう。

特別支援教育に関わる者は、以上のような、差別用語や差別的表現については、十分に注意したい（田中克彦、２０１２年、『差別語からはいる言語学入門』ちくま学芸文庫）。

第Ⅲ部　特別支援教育の進化の兆し

――将来を展望する――

第8章　世界の特別支援教育と日本の位置
——世界標準と日本式の折り合いの模索——

1　国によって異なる特別支援教育

自分の授業を振り返るには、自分自身の振り返りの他に、授業研究会などで、他の教師から感想や意見をもらったり、他の教師の授業を見てみたりすることが有効であろう。同じように、ある学校の取り組み、ある自治体の取り組みを振り返るには、自己の振り返り（自己評価）とともに、他の学校や他の自治体の関係者からの声が大いに参考になるだろう。学校評価や行政評価・政策評価において、他者からの評価を盛り込むスタイルは、今では珍しくない。

それでは、国の取り組みはどうか。それは、自己評価とともに、諸外国と比較してみることで明らかになる。他の国々の特別支援教育の動向と比較することで、いろいろなものが見えてくる。日本の良さも拙さも。

第7章まで、日本の特別支援教育について述べてきたが、そもそも特別支援教育というものは、他の国ではどのような状態なのかと、疑問に思うことはないだろうか。

例えば、素朴な疑問として、

どの国も、教育として対応する障害の種類は同じだろうか？

どの国も、教育として対応する障害のある子どもの、子ども全体に占める割合は同じだろうか？

どの国も、小中学校等の通常学級で学ぶ障害のある子どもの割合は同じだろうか？

どの国も、特別支援学校に在籍する子どもの割合は同じだろうか？

どの国も、特別支援教育に携わる教員の学歴（の要件）は大学学部卒だろうか？

どの国も、特別支援教育にかける費用（障害のある子ども一人にかかる費用）は同じだろうか？

どの国も、障害があることでその子ども（家庭）に支給される費用は同じだろうか？


これらの問いの答えは、すべて〝ノー〟である。これらの問いの事項も含めて、国によって特別支援教育のあり方やその実際は、かなり違っているのである（柘植、２００４）。そして、その状態は以前からずっとそうである（国立特別支援教育総合研究所のＷｅｂサイト「世界の特別支援教育」で、諸外国の情報を見ることができる）。

２　アメリカとの違い

特別支援教育は、アメリカと日本では、かなり違う。

例えば、アメリカでは、高等学校にも、日本の小中学校にある特別支援学級や通級指導教室に類似したものがある。しかし、日本の高等学校にはない。つまり、日本では、中学校で特別支援学級に在籍した生徒が高等学校に進学した場合は、その学校の通常学級で学ぶか、あるいは、特別支援学校の高等部に進学するか、ということになる。

次に、アメリカのリソースルーム（resource room：日本でいう通級指導教室に類似したもの）や特別支援学級の正規の教員は、大学院（修士）で学んだ者が多い。修士ではなく、さらに博士の学位を持っている者も少なくないという印象がある。日本では、近年、修士課程や教職大学院で、修士の学位を取得する者も増えていると思われるが、基本は、学部卒である。また、アメリカでは、州レベルや市レベルで働く、特別支援教育関係者（日本でいうと、指導主事とか、特別支援教育課長など）も、名刺交換でわかるのだが、修士や博士の学位を持っている者が実に多い。

さらに、日本でいう「個別の指導計画」や「個別の教育支援計画」は、アメリカではIEPにあたるが、制度や法的位置づけはかなり違っている、と考えたほうがよい。

例えば、IDEAに、特にIEPについて記述した部分があり、かなり詳細に規定されている。日本では、法律上で、「個別の指導計画」や「個別の教育支援計画」の語はなく、学習指導要領の総則の解説になって初めて、その語が登場する。

また、例えば、IEPミーティングを構成するメンバーとして保護者も規定されるなど、保護者の参画の頻度や程度が、日本と比べると格段に大きい。就学先の決定（placement）における関わりについても同様である。さらに、IEPに沿って教育が適切に履行されず、当初の目標が達成されなかったと保護者が判断した場合など、保護者と学校・行政等の意見が不一致の状態になった場合は、法廷で争うことにもなる（柘植・緒方・佐藤、2012）。

なお、このIEPは、アメリカの他、英国、ニュージーランド、オーストラリア、韓国、台湾など、制度的位置づけや内容などに違いはあるものの、諸外国でも同様のものが存在する。それほど、障害のある子ども一人一人にその指導や支援の計画を明らかにし、指導・支援の状況を評価していくことが、いかに重要で基本的なことかがわかる。

２０１２年、イギリスの新幹線計画を日本の企業が受注したとのニュースが入ってきたが、その名称は、Intercity Express Programme（都市間高速鉄道）というようだ。そして、それを略して言うと、ＩＥＰとなるという。つまり、イギリスでは、障害のある子どものために作成される計画であるＩＥＰが、新幹線の名称と同じ（音）、というのは面白い。子どもや大人の憧《あこが》れの新幹線の名称が、障害のある子どもに作られる計画の名称と同じということは、障害のある子どものＩＥＰ、さらには特別支援教育のイメージ向上に確かにつながっていくと思われる。名称（看板）の重要性を改めて考えさせられる。日本での愛称を例えば〝のぞみ〟と言うのも、よいかもしれない（学びや成長を望む、という意味で）。

（筆者の前書、『学習障害（ＬＤ）』（柘植、２００２）では、取り扱った内容について随時アメリカとの比較を試みたので、参照していただきたい）

3　国連の動向

このように、障害のある子どもに対する教育は、国によって異なっていることがわかってきた。もちろん、似ている場合もあれば、かなり違っている場合もある。だとすると、それでよいのか、という疑問が湧《わ》いてくる。何らかの世界標準のようなものはないのか、などという素朴な疑問が湧いてくる。

国連では、障害者に関する、人権、教育、福祉、医療、労働などの事項について、世界に向けて継続的にアピールしてきている。主なものを以下に紹介する。

1993年には、インクルージョン（inclusion）という語の入った決議がなされている。このような状況から、前書（『学習障害（LD）』）の中で、「世界標準はインクルージョン」といったフレーズで、そのことを解説している。

障害者の権利に関する条約が、2006（平成18）年の国連総会で採択され、2008年に発効した。賛同する各国は、署名をし、さらに、批准に向けた準備を進めている。日本は

表8-1　障害者に関する諸決議の主なもの（国連総会による採択）

1971年（昭和46年）12月20日	「精神遅滞者の権利に関する宣言」
1975年（昭和50年）12月 9 日	「障害者の権利宣言」
1976年（昭和51年）12月16日	「国際障害者年」
1993年（平成 5 年）12月20日	「社会のあらゆる側面における障害をもつ人びとの積極的かつ完全なインクルージョンと、そこにおける国連の主導的役割」
2006年（平成18年）12月13日	「障害者の権利条約」
2007年（平成19年）12月18日	「世界自閉症啓発デー」

Convention on the Rights of Persons with Disabilities Optional Protocol to the Convention

Article 24　Education
1. States Parties recognize the right of persons with disabilities to education. With a view to realizing this right without discrimination and on the basis of equal opportunity, States Parties shall ensure an **inclusive education system** at all levels and life long learning directed to: • • •

2. In realizing this right, States Parties shall ensure that: • • •
(a) Persons with disabilities are not excluded from the general education system on the basis of disability, and that children with disabilities are not excluded from free and compulsory primary education, or from secondary education, on the basis of disability;
(c) **Reasonable accommodation** of the individual's requirements is provided;
(e) **Effective individualized support measures** are provided in environments that maximize academic and social development, consistent with the goal of full inclusion.

（「国連障害者の権利条約」〔2006年〕の教育に関する事項から一部抜粋。強調と下線は筆者による）

すでに署名し、批准に向けた作業が進められている。

これを受けて、日本においては、特別支援教育のさらなる進化に向けた動きが見られる。2012年7月に取りまとめられた、「共生社会の形成に向けたインクルーシブ教育システム構築のための特別支援教育の推進」である。主なポイントは以下のとおりである。

○わが国が当初から掲げている「共生社会」の形成が、最も積極的に取り組むべき重要な課題であり、ゴールである。
○その間、障害者の権利に関する条約が、2006年の国連総会で採択され、2008年に発効した。これに基づく、インクルーシブ教育システムの理念は重要で、その構築のために、特別支援教育の着実な充実・発展が必要である。
○連続性のある「多様な学びの場」を用意しておくことが必要である。
○「交流及び共同学習」は、今後、ますます重要になる。
○就学相談。
○就学先決定のあり方に関する制度改革が必要。
○条約の定義に照らして本報告で定義した「合理的配慮」を、一人一人の障害の状態や教育的ニーズ等に応じて決定し、行っていく。

○「合理的配慮」を行う際には「基礎的環境整備」の充実が必要。
○多様な学びの場の整備と学校間連携等の推進。
○教職員の専門性向上が必要。

21世紀になって、従来の特殊教育から新たな特別支援教育への転換が表明され、制度化もなされて、さらなる充実・発展の時期に、このような新たな考えや方向づけは、実にタイムリーである。

ただ、国連で示された条約を、各国は、各国の考えやこれまでの制度や種々の実情などを踏まえて、どのように〝溶け込ませていくか〟が重要であり、まさに、各国の関係者の腕の見せどころである（柘植、２０１３b）。

このような状況における、これからの日本の役割は何だろう。筆者は、「日本は、特別支援教育をこれからさらに、どのように充実・発展させていくか」と問うだけではなく、「日本は、これから世界の特別支援教育のさらなる充実・発展に何ができるか」を問うべきであると思うし、そのような貢献ができるだけの高い経験とノウハウを、日本は持っていると思う。日本でこれまで１３０年以上にわたって培ってきた障害のある子どもに対する教育、そしてまた、特に21世紀になって転換した新たな特別支援教育のよさを、世界各国に届けてみたいものである。

第9章　神奈川県と兵庫県から見えてくるもの
——進化の兆し(1)——

1　先進的な取り組みを行う学校と自治体

先に述べたように、現在の日本は、もはや中央集権型国家ではなく、地方分権型国家であると言ってよいと思う。いわゆる地方分権一括法（地方分権の推進を図るための関係法律の整備等に関する法律）の大半が２０００（平成12）年４月１日に施行されたからである。そのため、各自治体では、経済、産業、教育、福祉、医療、労働など、さまざまな分野で、自主的、主体的で、特色ある取り組みの増加に拍車がかかっている。

２００１年から徐々に始まった、特殊教育から特別支援教育への転換は、このような地方分権型国家への移行のまっただなかに行われた。このことの意味は大きい。国が設計図を作り、そのもとで実行していくのが地方、という構図ではなくなったということである。つまり、国の方針を踏まえて、各自治体がそれぞれの実情等を考慮して自ら設計図を作り、実行していくのである。各自治体の考え方と手法の転換、及び自主的、具体的な対応が期待される。

その後も、各自治体の特色ある取り組みは進んでいる。そこで、47都道府県のなかから、特に神奈川県と兵庫県を取り上げ、県レベル、市町村レベルの取り組みを概観し、他の自治体にはない特色と課題を考えてみたい。

なお、両県の取り組みにはない貴重な取り組みが、全国各地の自治体で進んでいることを記しておきたい（巻末の文献一覧を参照）。

2　神奈川県と兵庫県を取り上げる理由

なぜ、神奈川県と兵庫県を取り上げるのか。それは、筆者の現在の勤務先である国立特別支援教育総合研究所が設置されているところが神奈川県（横須賀市野比）であり、筆者のその前の勤務先である兵庫教育大学が設置されているところが兵庫県（加東《かとう》市）であるということである。そのため、他の自治体と比べて、自治体の実情をより詳しく述べることができるだろう。

神奈川県の人口は905万人、兵庫県は558万人である。そして、この両県は、政令指定都市があるなど大規模な都市圏を持っているとともに、逆に人口の少ない自治体があることが共通点としてあげられる。神奈川県は、人口350万人の日本最大の政令指定都市である横浜市の他、川崎市（人口140万人）、相模原《さがみはら》市（人口72万人）といった計3つの政令指定都市を抱える。一方、兵庫県は、政令指定都市である神戸市（人口150万人）を抱えている。

また、歴史的には、神奈川県は小田原市という古くからの城下町（小田原城）を抱え、兵庫県は姫路市というこれまた古くからの城下町（姫路城）を抱えており、その地域の中核的な町であった。その一方、横浜市や神戸市は、今でこそ日本を代表する大都市になったが、昔は、いずれも海辺の小さな町（村）にすぎなかった。横浜は、現在の横須賀市の浦賀（久里浜に記念碑がある）などへのペリーの来航以降、国策によりわが国を代表する国際貿易港として作られ急速に成長を遂げた。一方、神戸は、幕末、勝海舟が設立し、坂本竜馬らが入学して学んだとされる海事操練所の設置場所として選ばれ、重要な貿易港としての位置を確立していった。また、東京商船大学（現在の東京海洋大学）とともに、この地に、神戸商船大学（現在の神戸大学海事学部）が設置された。このように、両者は、当時の国策などにより意図的に作られ、その後、大きく成長していった町である、という共通点がある。

次に、障害のある子どもの教育、という点で見てみる。

1992（平成4）年に、文部省（当時）が、学習障害の先進的モデル学校として、初めて全国で9校を指定したとき、そのうちの一つとして、横浜市立綱島東《つなしまひがし》小学校が指定され、学習障害のある子どもの指導について、先進的な取り組みを実践した。一方、神戸市立星和《せいわ》台《だい》小学校も指定され、関西における学習障害の子どもの指導の拠点の一つとして機能した。

そのような先進的な取り組みを進める一方で、横浜市と神戸市はともに、近年、障害のある子どもの教育について、大きな困難を経験している。

横浜市は、2004年、特殊学級（当時）の担任が、障害のある子どもの指導で体罰を行ったとされる事件が発覚し、各新聞社が取り上げた。当時の教育長の迅速で的確な判断とリーダーシップのもと、その改善に向けた取り組みを急ピッチで行った経緯がある。横浜市内のすべての学校と保護者にアンケート調査を行い、実態の把握と対応策を練っていった。市内のすべての学校種の校長を大ホールに集めての、障害のある子どもの人権に関する緊急講演会が開催されることになり、筆者（当時、文部科学省勤務）が招かれて講演したことを覚えている。その時の、関係者の張りつめた雰囲気と、「なんとしても再生してみせるぞ」という意気込みは、忘れられない。その後、特に、障害のある子ども一人一人に作成する「個別の指導計画」について、本格的に施策を打っていくことになった。

一方、神戸市では、１９９７年５月、「少年Ａ」として日本中を震撼《しんかん》させた、いわゆる神戸連続児童殺傷事件が起こった。少年Ａには、発達障害を示す特徴が見られた（父母が書いた手記には、「注意散漫・多動症」と診断された、という記述がある）と報道された。これを受けて、神戸市は、21世紀の早々、国が本格的に発達障害のある子どもの教育に着手し始めた頃に、神戸市としての教育のあり方を模索していた。そして、当時の教育長の先進性とリーダーシップのもと、全国に先駆けて、「こうべ学びの支援センター」をオープンさせた（後述）。このセンターの開設により、神戸市内の発達障害の子どもの実態把握と個別の指導計画の作成、日々の指導・授業の支援を行う体制が一気に整った。

両教育長の共通点は、困難の徹底的な解析と、その結果を踏まえた具体的な対応策の作成と実施である。しかも、これらを、スピード感を持って行ったということであろう。

3　神奈川県の特色ある取り組み

○横浜市は、〝自閉症に優しい街「横浜」〟を目指している。例えば、横浜観光をしようと、名古屋や大阪から東海道新幹線の新横浜駅に到着し、タクシーに乗って、みなとみらい地区まで向かうタクシーの中、客が運転手に「横浜はどんな街か」と尋ねると、「横浜は港が美しい」「山の手は異国情緒がある」「ベイブリッジから、みなとみらいの向こう側に富士山が見える」「日本で最大の中華街」などという返事と並んで、「横浜は、自閉症に優しい街ですよ！」という声が、ふと聞かれるような、そんな街にしないか、と横浜市のある会議で筆者が提案したら、じゃあ、それを目指そうということになったのだ。横浜市の教育委員会は、そのためのミッション、ビジョンの明確化と、実現するための具体的な工程表を作成し、いくつかの事業にすでに取りかかっている。4、5年後の成果が楽しみである。自閉症に優しい街が実現できたら、やがて、どの障害者にも優しい街、そして、障害があるないではなく、すべての人に優しい街となってくれるだろう。

○神奈川県の最大の特徴の一つは、横浜市、川崎市、横須賀市など県内のいくつかの自治体に療育センターが設置され、さまざまな障害の早期発見と早期支援に早くから取り組んでいることである。就学前の子どもの、早期からの支援の一つの形を完成させていると言ってよいだろう。その重要な役割を果たしてきたのが、社会福祉法人である青い鳥である（飯田進氏が初代理事長。現在の理事長は飯田美紀氏）。また、この法人は、啓発活動にも力を注いでいて、例えば、横浜地区で初めてとなる、世界自閉症啓発デーにちなんだ啓発セミナーを2011（平成23）年夏に開催し、1000人を超える参加者を集めた。

○川崎市では、早い時期から、ほとんどすべての小中学校に特殊学級（現在の特別支援学級）を設置してきた。このことは、現在では珍しいことではないが、いち早く取り組んだことが貴重であった。さらに特徴的なのは、何校かに1校には、より重度の子ども向けの特別な学級を設置し、教育してきた経緯がある。障害のある子どもを、わが学校には特殊学級がないから、という理由で他の学区の学校に通わせることなく、また、障害がいくぶん重度ということで小学校ではなく養護学校（現在の特別支援学校）に通わせるのでもなく、責任を持って小学校で教育してきた。20年近く前、川崎市立宿河原《しゅくがわら》小学校を訪問した際の、管理職の先生の発言は鮮明だった。川崎市の小学校には、1校を除いてすべての学校に特殊学級がある。その1校には、障害のある子がいないということで、もし、障害のある子どもが入学することになったり、保護者から設置の要請が出てきたりすれば、川崎市は特殊学級を開設するでしょう、というものだった。

○神奈川県立相模原中央支援学校が、JR横浜線の淵野辺《ふちのべ》駅近くに、2011年4月に開校した。視覚障害、聴覚障害、知的障害、肢体不自由の4障害を対象にした学校だ。これまでの特殊教育の時代は、盲学校、聾学校、知的障害養護学校というように、障害種別に、つまり一つの障害ごとに、一つの学校が設立されていたが、特別支援教育になり、複数の障害に対応することも可能となった。この学校は、まさに、このことを受けての総合学校である。この学校のもう一つの特徴は、地域に開かれた学校を目指している、ということである。つまり、共生社会の実現に向けて学校としてできることを模索し行動していこうとしている（柘植・田中・石橋・宮崎、2012）。

○このような共生社会の実現に向けた取り組みといえば、横浜市は、全国に先駆けて、いわゆる「ミニ養護」と呼ばれる学校を早くから作ってきた。小学校と養護学校（現在の特別支援学校）を、花壇や通路などで区別しただけの、両校が非常に近い位置にある一体化された形態である。肢体不自由の子どもの教育を行う横浜市立中村特別支援学校もその一つだ。この学校のもう一つの特徴は、肢体不自由児の自立活動（身体の動き）の教科書を作成したことだ。これは画期的なことである。教科書を作ったことで、教師には、指導の計画性や一貫性、さらには、教師間の共通性が確保できる。保護者には、今学校でわが子が何を学んでいるか、１年間かけて何を学ぼうとしているのかを知ることができる。自宅でのわが子とのコミュニケーションの機会にもなる。そして何より子どもには、教師からの指導を、教科書でさらに確かに学べるだろうし、予習・復習にも使える。考えてみれば、学校で学ぶ内容について、教科書があるということがいかに大切なことかが、この自立活動の教科書を作成し活用しているという事実から、改めてわかってくる。今までは、自立活動の中の、身体の運動の内容であるが、人間関係の形成などの内容についても公開してほしい。また、他の障害についても必要ではないだろうか。

○横浜市立横浜サイエンスフロンティア高等学校は、卒業生の中からノーベル賞受賞者を輩出する、を謳《うた》い文句に開校した、理科系に特化した進学校である。この学校では、生徒の多様なニーズに応えるために、英語や日本語などのコミュニケーションスキルを育てるための授業をはじめ、いろいろな工夫をしている。このような学校からこそ、将来のノーベル賞受賞者が輩出されることを期待する。

○この他にも、神奈川県では、全国に先駆けて早くから、県立教育センターで、筑波大学の石隈利紀教授のスーパーバイズのもと、盲・聾・養護学校（現在の特別支援学校）の教師を対象とした高度な研修会（「カウンセリング講座」）を開講してきた。これは、現在でいう、特別支援学校コーディネーター研修会の内容とも重なる。

○以上のような特色ある取り組みをさまざまな面から支えてきているのが、横浜国立大学である。この大学には現職教員派遣の制度がある。現在、臨時教員養成課程（1年の課程）に、特別支援教育コーディネーターコースを開設し、毎年、県内の現職教員がここでさらに力をつけて、現任校などに帰っていく。筆者は、非常勤講師として、「特別支援教育コーディネーター概論」を講義している。

4　兵庫県の特色ある取り組み

○神戸市は、2004（平成16）年4月に、神戸市総合教育センター内に、「こうべ学びの支援センター」を設立した。学習障害（LD）、注意欠陥多動性障害（ADHD）、高機能自閉症等、主に通常学級で学ぶ、「知的障害のない発達障害」のある子どもを総合的に支援するもので、この分野に詳しい通常学級や通級指導教室の教師、医師、心理学の専門家などから構成された。このようなセンターは全国的にも初めてで、この取り組みが新聞報道された当時、全国からかなりの注目と期待が向けられた。

このセンターの構想段階で、当時の教育長から設計の具体案について文部科学省内で説明を受ける機会があった。開設の意図や意義、業務内容やスタッフなどに関する説明を聞いて、これは成功するに違いない、いや、日本におけるこれからの発達障害教育のために、なんとしても成功させなくてはならない、という印象を持った。

開所以来、相談件数は急増し、市立の学校の要請に着実に応えていった。神戸市内の発達障害の子どもの実態把握と個別の指導計画の作成、日々の指導・授業の支援を行う体制が一気に整った。このプロジェクトには、先の残念な事件を決して繰り返してはならないという強い思いから、なんとしても早期に発見し、早期から支援を始める、という決意が感じられた。

○兵庫県の特別支援学校は、センター的機能をうまい具合に発揮している学校が多いことが特徴的であろう。例えば、兵庫県の北部に位置する、兵庫県立豊岡《とよおか》聴覚特別支援学校、出石《いずし》特別支援学校、和田山《わだやま》特別支援学校の3つの特別支援学校が連携して、豊岡市、養父《やぶ》市、朝来《あさご》市、それに、香美町《かみちょう》、新温泉町《しんおんせんちょう》地区を対象地域として支援を行っている。特に、香美町、新温泉町地区は日本海側にあり、鳥取との県境にあたる地区で、3校のいずれからも遠いことから、サテライト教室を開設するなどして支援を行っている。

また、肢体不自由児を対象とした伊丹《いたみ》市立伊丹特別支援学校では、市内の学校・園へのコンサルテーション、特別支援教育に関する研修講座の開催、通常学級に在籍する幼児児童生徒への小集団指導や個別指導を行うサポート教室の開設、そして広く教育相談を行い、市内の関係者や関係機関を支援している。

〇２０１２年４月、同じ名前の高等学校と特別支援学校が、同じ敷地内に同時に開校した。校長は同じ人である。学校名は、兵庫県立阪神昆陽高等学校と同名の特別支援学校である。高等学校の授業科目（学校設定教科という、高等学校が独自に設定してもよいとされているもの）として「ノーマライゼーション」があり、併設の特別支援学校の教員が協力して授業を行っている。もちろん、校歌も校章も、制服も同じである。

〇神戸市では、小中学校の他、幼稚園にも通級による指導の担当教員を配置している。これは、全国的にも珍しい。そして、幼稚園の通級担当は、隣の小学校の通級担当教員とともに、小学校の通級指導教室のエリアで業務を遂行する。また、そのような、幼・小のみならず、例えば、神戸市立生田《いくた》中学校の隣のビルに設置された通級指導教室では、幼・小・中の通級担当教員がともに働いている。幼稚園時代から中学校まで、指導・支援の一貫性が確かに確保できる仕組みである。また、幼稚園通級により、広めに網をかけて指導・支援をすることで、小学校に入学する頃には、もはや通級による指導が必要ではなくなっている子どももいる、という声を聞いたことがある。このことも重要だ。まさに、早期支援の有効性の証《あかし》である。

○いわゆる進学校として全国的に知られる灘《なだ》高校や甲陽《こうよう》高校等の私学、それに、兵庫県立神戸高等学校や長田高等学校など公立の進学校に出向いたことがある。管理職との話し合いをするなかで、いずれの学校にも共通していたのは、「本校は進学校であり、進学校であるということならではの学習面や行動面でさまざまな困難をもつ生徒には、特に配慮して指導・支援をしていきたい。そうすることが、進学校ならではの使命だ」というようなことを話されていた。

○兵庫県の特別支援連携協議会では、県内のすべての市町（兵庫県には村はない）が、どのように特別支援教育を推進しているか、うまくいっているか、あるいはなにがしかの困難をかかえている自治体はないか、などの情報交換を年に何回か行い、必要な支援策を検討していた。筆者は、委員として参加していた。これは、市町の担当者にとっては非常に貴重な機会であり、他の市町と比べてわが市町の特徴と今後のあり方が見えてくるのである。各市町の政策評価、行政評価とも言えるが、ひいては、県としてのそれにもつながっていく。このような会議は、およそどの都道府県でも行っていると思われる。

○以上のような特色ある取り組みをさまざまな面から支えてきているのが、兵庫教育大学である。例えば、兵庫県教育委員会は、毎年、一定数の現職教員を兵庫教育大学大学院に現職派遣している。そのなかには、特別支援教育を専攻する者も一定数おり、2年間の課程では、基礎から実践まで幅広く知識と技能を学ぶ。特別支援教育コーディネーターコースでは、OJT（オン・ザ・ジョブ・トレーニング）の手法を取り入れ、各院生はそれぞれ各学校に入り込んで、学びながら、研究をしながら、必要な支援を学校に行っていく。ちなみに筆者は、2006年から兵庫教育大学に勤務した。

5　2つの自治体から見えてくること

特別支援教育に何らかの形で関わっている人は、神奈川県や兵庫県の自治体の取り組みが、いかに先進的で主体的で独創的であるか、そしてまた洗練されたセンスを持ったものであるかがわかったと思われる。他の都道府県や市町村の関係者が何か新たな取り組みをしようとする際、この2つの地域の取り組みをまず探ってみようとするのもうなずけよう。

2つの自治体における事例から見えてきたことを、いくつかの観点から整理してみたい。

(1)時代の流れや要請を敏感に察知し、国の方針や方向を踏まえて、そのうえで、それらに一工夫加えたセンスある取り組み
(2)障害のある子どもや保護者、地域等の多様なニーズを踏まえる力（課題を受け取る感度の高さ）と、それを踏まえた施策立案と実行
(3)エビデンス（根拠）に基づいた政策の企画立案をしようとする習慣
(4)教育長をはじめ、それぞれの部署でのリーダーや学校長の、的確でスピード感あるリーダーシップの発揮
(5)さまざまな取り組みの評価（行政評価、政策評価、学校評価）を積極的に行っていこうとする姿勢
(6)そして、実はこれが何よりも重要なことかもしれないが、しなくてはならないとか、やらされているとかではなく、これらの地域の多くでは、特別支援教育の推進を楽しんでいる（ように見える）ということである。

第10章　学術研究から見えてくるもの
——進化の兆し(2)——

1　研究と実践と政策をつなぐ

特別支援教育のさらなる進化の兆しは、先の第9章で述べたように、全国の自治体の取り組みからもうかがわれるが、近年の学術研究からもすでに見え始めている。

広く科学技術や学問一般が、日々進化しているように、近年の、特別支援教育に関する学術研究の進化にも目を見張るものがある。特に、特別支援教育において新たに盛り込まれたシステムの構築に関する研究や、新たな理念に基づく先進的な実践に関する研究、新たな理念そのものや制度のあり方に関する研究が確かに増加してきている。また、障害種別で言えば、特に発達障害関係の研究が爆発的に増えていて、特にアセスメントや指導法の開発、指導の実際などに関する研究が多くなってきているようだ。

そこで、本章では、ここ10年間ほどの研究動向について紹介するとともに、そこから見えてくる、特別支援教育の今後の展開、一層求められる研究、新たに求められる研究とは何か、などについて述べることにする。その際の鍵となる語は、科学的な実践の必要性であり、エビデンスに基づいた実践（Evidence-based Practice）である。ここで、実践とは、学校や自治体における教育実践であり、国や自治体における教育政策・教育行政である。

今から30年近く前、筆者が20代半ばの頃、二つ目の大学院で障害児教育を学んでいた時、その頃自分が考えていたあることを広く多くの人々に知ってもらいたいと思い立ち、新聞に投稿してみたら、掲載が決まった（柘植、1987）。投稿の内容は、障害児教育の指導を、もっと科学的なものにしないか、と呼びかける内容であった。一つ目の大学院で学んだ後、知的障害の養護学校（現在の特別支援学校）の教員として3年過ごし、その後二つ目の大学院に入って本格的に障害児教育を学び始めた頃だった。そもそも、当時の障害児教育をもっともっと科学的なものにする必要があるのではないか、と素朴に考えていたことも、大学院でさらに学ぶことに至った理由であった。勘とか、伝統とか、先輩からの教えとかではなく、その指導は本当に効果があるのか、科学的なものか、ということがもっと論じられてもよいのではないかと感じていた。学びに困難を持つ障害のある子どもだからこそ、そのようなことを大切にすべきではないかと感じていた。当時このように感じていたのは、もちろん筆者だけではなかった(例えば、坂本・大友、１９９３)。そして、それから年月が経ち、今まさに、これからの特別支援教育に必要なものは何か、と尋ねられれば、「ニーズ」「サイエンス」「パートナーシップ」というように、「サイエンス」を入れた答えになる(第2章)。

そして、その頃から、研究と実践が離れている、研究と実践をつなぐ必要がある、研究の成果をもっと実践に応用すべきだ、実践に応用できる研究をすべきだ、などと考えていくようになった。そのような思いは、その後、研究所勤務となり、一時勤務を離れて、米国カリフォルニア大学（ＵＣＬＡ）で客員研究員となったときに決定的となった。米国で出会った、研究と実践をもっとつなぐべきだという論調の論文から、その思いが再び蘇《よみがえ》り、今も変わらないし、その頃よりももっともっと強くなっている(柘植、１９９９)。

そして今では、研究と実践と政策をつなぐことの重要性を、機会あるごとに論じている。例えば、２０１０(平成22)年12月には、日本発達障害ネットワーク（ＪＤＤネット）の年次大会、神戸大会(神戸国際会議場)では、「エビデンスに基づいた指導・支援～特別支援教育のあるべき姿～」と題したシンポジウムを行った。また、２０１２年9月に開催された、日本特殊教育学会第50回大会（つくば国際会議場）設立50周年記念シンポジウムでも、同じような趣旨で話題提供を行った。その内容については、後で詳しく解説する（第11章）。

なお、米国のNo Child Left Behind Act（落ちこぼれの子を作らない法）にも、このような趣旨のことが記されている。ユニークな、思い切ったタイトルで、米国政府の危機感と決意が伝わってくる。そして、そのためには、科学的な指導が必要だと謳われているのである。つまり、各学校で、質の高い確かな指導が展開されれば、米国から落ちこぼれの子どもをなくすことができる、というのだ。「落ちこぼれを作らない」ということと「質の高い確かな指導」を融合させた、わかりやすい論の展開だ。

2　科学研究費補助金（科研）における特別支援教育

学問分野を問わず、研究者を支援する国（文部科学省）の研究費補助金制度がある。〝科研〟と呼ばれる。以前、本務と兼務する形で、この科研をハンドリングする、日本学術振興会に設置された学術システム研究センターで3年間、専門研究員（心理学・教育学担当）をしていた。

その任期中に、ちょうど、10年に1度の、科研でカバーするすべての学問領域の分類体系、すなわち、系・分科・細目・キーワードの改訂作業が行われた。改めて、文学、社会科学から、理学、工学、医学など、すべての学問領域の全体を眺め渡す機会となったが、心理学や教育学、さらには、そのなかの特別支援教育という学問分野の内容とは何かを考えることができた。大幅に改訂されたキーワードを使っての最初の補助金公募（２０１３〔平成25〕年度からの研究のための公募）が２０１２年度秋に行われた。

特別支援教育に関する学術研究の内容は、この改訂された日本学術振興会による科研の系・分科・細目・キーワードが参考になる。

特別支援教育は、系：人文社会科学系、分野：社会科学、分科：教育学、細日名：特別支援教育、に位置している。そしてそのキーワードは、下記のとおりである。

⑴理念・思想・歴史、⑵制度・政策・行政、⑶心理学的臨床・実験、⑷アセスメント、⑸指導・支援・評価、⑹支援体制・コーディネーター、⑺コンサルテーション・カウンセリング、⑻家族・権利擁護、⑼共生社会・インクルージョン、⑽早期発見・早期支援、⑾通常学級・リソースルーム、⑿特別支援学校、⒀高等教育・キャリア教育、⒁発達障害・情緒障害、⒂知的障害、⒃視覚障害・聴覚障害・言語障害、⒄肢体不自由・病弱・身体虚

弱、⒅学習困難・不適応・非行、⒆ギフティッド・才能

ここから、現在の特別支援教育に関わる研究領域の全体像が見て取れる。

一方、特別支援教育に関する研究には、その手法や内容と関わって、教育学、心理学をその中核的学問分野としながらも、法律学、行政学、政策学、医学、保健学、福祉学、社会学、工学、情報学と、非常に広範囲にわたる。したがって、例えば、特別支援教育に関わる研究者は何人ほどいるかと問われても、非常に狭い意味から、広い意味まで裾野《すその》は広く、回答に困ってしまうのである。

3　障害に関する教育心理学的研究の動向

表10－1は、2008（平成20）年に開催された、「日本教育心理学会第50回総会発表論文集」における障害関係の研究の分類である。

それによると、その年は、43本の研究が発表された（ポスター発表形式）が、そのうちの

表 10-1「日本教育心理学会第50回総会発表論文集」における障害関係の研究の分類

障害種別	主なテーマ	発表件数	割合（%）
発達障害（知的障害を除く）	アセスメント、ひらがな書字支援、音読指導、ワーキングメモリー、推論形成、心の理論課題、対人関係の形成、自己理解、メンタルフレンド、級友の対応、ソーシャルスキルトレーニング、児童と担任教師との関わり、いじめ、学校コンサルテーション、つなぐ支援、保護者ガイダンス、家族支援、きょうだい支援、他	31	72
知的障害	問題行動	1	2.3
視覚障害	点字触読体験	1	2.3
聴覚障害	聴覚障害者の信頼感	1	2.3
肢体不自由		0	0
病弱		0	0
言語障害		0	0
情緒障害	校内適応教室	1	2.3
特定せず	特別支援教育コーディネーター、KABC—IIの開発、ワーキングメモリー、障害児者の幸せ、障害者のイメージ、ボランティア体験、他	8	18.6
合計		43	99.8

31本、率にして72％が、発達障害（知的障害を除く）関係であった。他の障害は、1本、もしくは、1本もない、ということだから、教育心理学研究が、いかに発達障害に関する研究に集中しているかがわかる。なお、特定の障害を対象としない研究は、8本で、18％であった。その内容は、特別支援教育コーディネーター、KABC—IIの開発、ワーキングメモリー、障害児者の幸せ、障害者のイメージ、ボランティア体験、他であった。

また、最も多かった発達障害に関する研究の内容は、アセスメント、ひらがな書字支援、音読指導、ワーキングメモリー、推論形成、心の理論課題、対人関係の形成、自己理解、メンタルフレンド、級友の対応、ソーシャルスキルトレーニング、児童と担任教師との関わり、いじめ、学校コンサルテーション、つなぐ支援、保護者ガイダンス、家族支援、きょうだい支援、他と、基礎的な内容から実践的な内容、また、個人の問題から環境や社会の問題まで、範囲は広い。

これまで、制度としての対応がなく、特別支援教育に転換して、いよいよ本格的に始まった発達障害に関連する研究が急増していることは喜ばしいことである。しかし、他の障害に関する研究が1本とか0本という状況でよいはずはない。複数の障害を併せ持つ子どものことや、ある障害を持つ子どもへの対応が、他の障害にも生かされるということを考えると、障害の種別も含めて、必要な研究の全体的な企画とかハンドリングとかの推進をどこかの組

表 10-2　各学会学術誌に掲載された教育心理学の論文数

教育心理学研究（日本教育心理学会）（年 4 巻刊行）		
56巻第 3 号	2 編	(12)
第 4 号	1	(10)
57巻第 1 号	0	(10)
第 2 号	0	(10)
計	3	(42)
特殊教育学研究（日本特殊教育学会）（年 5 巻刊行）		
46巻 2 号	5	(6)
3 号	5	(5)
4 号	6	(6)
5 号	3	(4)
47巻 1 号	4	(6)
計	23	(27)
LD研究（日本LD学会）（年 3 巻刊行）		
17巻第 2 号	10	(11)
第 3 号	14	(15)
18巻第 1 号	4	(6)
計	28	(32)
自閉症スペクトラム研究（日本自閉症スペクトラム学会）（年 1 巻刊行）		
7 巻	2	(10)
計	2	(10)
発達障害研究（日本発達障害学会）（年 5 巻刊行）		
30巻第 3 号	6	(8)
第 4 号	1	(8)
第 5 号	8	(15)
31巻第 1 号	1	(4)
第 2 号	3	(8)
計	19	(43)
行動分析学研究（日本行動分析学会）（年 2 巻刊行）		
23巻第 1 号	3	(5)
第 2 号	2	(3)
計	5	(8)
総計	80	(162)

（　）内は全体の論文数

織なり団体が、うまい具合に行う必要があるのではないかと思う（日本教育心理学会における研究動向調査〔柘植、2010〕）。

次に、表10-2からわかることは、この6誌に掲載された論文を全体的にみると、その半数が教育心理学的な研究であるということである。

さらに、表10-3から、事例・実践のスタイルの研究が最も多く、次いで、実験研究、展望・解説、調査法（質問紙調査法）が続いていることがわかった。

表10-3　研究方法別集計

研究方法	論文数（編）
調査法（質問紙調査法）	11
観察法	1
実験法	20
面接法	1
展望・解説	16
事例・実践研究	31
その他	0
合計	80

4　国内の学術学会の動向

2012（平成24）年に開催された、いくつかの学会の年次大会の様子を紹介する。

日本特殊教育学会

日本特殊教育学会の設立50周年を記念して、2012年9月に開催された第50回年次大会(つくば国際会議場)で、記念シンポジウム「日本特殊教育学会のこれまでとこれから——今後の10年を見据えて：インクルーシブな社会と教育の構築——」が行われた。

ここでは、まず、この学会の設立当時のことから今日までの歴史が示され、その後、4名の話題提供者から、それぞれ「特別支援教育の成果と課題」「障害者権利条約をめぐって」「教育実践の立場から」「障害当事者の視点から」が発表された。そして、本テーマである、本学会の、これまでとこれからが議論された。

筆者が行った話題提供の内容は、「特別支援教育の展開の現状と課題——研究と実践と政策の関係性の視点から——」であった。2001年から徐々に始まった大きなパラダイムチェンジの経過から、何が成功し、何が積み残しの課題となっているのか、今後、どのような方向に展開していくのか、そして、その際に、どのような学術研究の蓄積が必要か、がその内容であった(第11章参照)。

また、中国、韓国、台湾が参加して、各国のこの10年間の研究の動向と今後10年間の研究の方向性を検討する国際シンポジウムも開かれた。諸外国の動向に関する研究は、日本のこれからを考える際に大いに役立つ。

この学会は、会員が４０００人を超え、視覚障害、聴覚障害、知的障害、肢体不自由などさまざまな障害をあまねくカバーすることが特徴の一つである。

２０１３年は、東京の明星大学で開催される（現在、筆者は、この学会の常任編集委員をしている）。

日本ＬＤ学会

設立20周年を迎えた学会で、学会員が７５００名を超えており、障害に関する分野を対象とする学術学会では、国内最大規模である。このような大規模化に伴う社会的責任等の増大にも対応するべく、２００９年4月に、一般社団法人に移行した。

この学会は、学習障害（ＬＤ）をはじめ、注意欠陥多動性障害（ＡＤＨＤ）や知的障害のない自閉症、アスペルガー症候群など、知的障害のない発達障害を漏れなくカバーするとともに、教育、心理、医療、福祉、労働と学際的であることも特徴である。また、研究者のみならず、教育などの実践者、医師や心理職など種々の専門職、行政担当者、保護者と、多岐にわたることも、本学会の大きな特色の一つである。

また、この学会は、特別支援教育士（ＳＥＮＳ）、特別支援教育士スーパーバイザー（ＳＥＮＳ-ＳＶ）の資格を提供する、特別支援教育士資格認定協会と密接な連携を取ってきている。

この資格の所有者は、4000名ほどになる。

2012年10月に、第21回大会が、仙台（仙台国際会議場）で開催された。近年の大会では、海外からの招聘研究者による特別講演、教育講演、学会企画シンポジウム、自主シンポジウム、ポスター発表など、多様な形態で行われてきている。

2013年10月には、パシフィコ横浜（横浜国際会議場）で、国立特別支援教育総合研究所が準備・主催することになっている。大会テーマは、「多様なニーズへの挑戦——たて糸とよこ糸で織りなす新たな教育の創造——」とされている（現在、筆者は、この学会の副理事長をしている）。

日本自閉症スペクトラム学会

2012年8月に、第11回大会が、筑波大学（つくば国際会議場）で行われた。その中で、台湾、韓国、中国における特別支援教育の最新の実践や研究の動向も発表され、協議が行われた。

台湾からは、「アスペルガー障害児への障害児教育と才能教育」と題して、アスペルガー障害があり、しかも、特に知的能力の高い子どもへの教育の実際や研究の動向が示された。

このような2E教育は、日本では制度的に確立されておらず、台湾から学ぶことは多いと感じた。

韓国からは、自閉症スペクトラムの幼児に対する特別支援教育の実際について、歴史、制度、指導の実際について示された。幼稚園、小学校……というように学校種別に特別支援教育の資格が用意されている、ということは日本にはない特徴だった。

中国からは、自閉症スペクトラム障害の実践や研究の動向とともに、特別支援学校において、近年行われている地域を基盤とした授業展開が紹介された。例えば、交通の理解では、街で、実際の信号や横断歩道を使いながら、警察官も協力して授業が展開されている。

なお、この学会も、近年になって会員が急増してきている。

2013年は、8月に横浜国立大学で開催される（現在、筆者は、この学会の理事をしている）。

以上3つの学術学会を紹介した。この他にも、障害に直接的あるいは間接的に関わる学会は多い。また、学会員ではなくても当日会員として参加することができる学会もあり、さらに、一部のプログラムを一般公開にすることもある。

5　エビデンス（科学的根拠）に基づいた指導・支援

エビデンスに基づいた指導・支援（Evidence-based Education Practices）の重要性が、近年問われ始めている。教室の中の、あるいは学校の中の、その指導・支援は、効果があるか、効果のある指導・支援を行っているか、という問いと深く関わる。そしてまたこのことは、どのような教育をしているかだけではなく、その結果、どのような成果が出てきているか、との問い、つまり、近年の中央教育審議会における議論の一つである、説明責任のみならず、結果責任を求める方向とも連動することである。

このようなことは、教育以外の他分野においても同様で、患者としては、治るかどうかわからない手術は受けたくないし、効くかどうかわからない薬は飲みたくないのである。治る、あるいは効くという証拠や根拠、つまりエビデンスがあるからこそ、医師らの提案を信じて判断するのである。

ＥＢＭ（Evidence-based Medicin）は、エビデンスに基づく医療、ＥＢＰ（Evidence-based

Practice）は、エビデンスに基づく実践、そして、ＥＢＰ（Evidence-based Policy）は、エビデンスに基づく政策であり、近年、教育分野においても、特に、米国や英国においてエビデンスを求める動きが高まってきている。例えば、次のように。

○No Child Left Behind Act（米国 落ちこぼれを作らない法）（2002-2003 施行）: "grade teachers must deliver reading instruction in grades K through 3 based on 'scientifically based' reading research"

○Paul Cooper（2011）Teacher strategies for effective intervention with students presenting social, emotional, and behavioral difficulties: implications for policy and practice. *European Journal of Special Needs Education*, 87-92.

○David Bridges, Paul Smeyers and Richard Smith（2009）*Evidence-Based Education Policy: What Evidence? What Basis? Whose Policy?*. WILEY-BACKWELL, UK

日本においても、近年、エビデンスに基づく実践や政策について、少しずつ認知され始めている。例えば、以下のとおりだ。

○国立教育政策研究所（2010）教育改革国際シンポジウム「教育研究におけるエビデンスとは」（トム・シュラー〔OECD教育研究改革センター長〕、デビッド・ゴウ〔ロンドン大学EPPIセンター長〕）（表10-4を参照）

○日本発達障害ネットワーク第6回年次大会（神戸）（2010）大会企画シンポジウム「エビデンスに基づいた指導・支援――特別支援教育のあるべき姿――」（柘植雅義・山本淳一・河場哲史・山田充・中尾繁樹）（表10-5を参照）

あるいは、論文としては、

○辰野千壽（2012）エビデンスに基づく教育改革と実践　指導と評価、58、2-3
○赤林英夫・赤木宏子（2011）「検証なき教育改革」を繰り返さないために――教育政策評価の普及を目指して――。季刊 政策分析、6、47-53

個々のエビデンスを得るための手法には、さまざまなものが知られている。例えば、大規模標本調査法、組織的インタビュー法、ナラティブ法（語り）、組織的観察法、単一事例研究法、前後比較研究法（pre-post）、長期追跡研究（コホート）、ランダム化比較試験（RCT）、専門家集団による協議法など。また、それぞれの手法には、エビデンスの強さのヒエラルキ

表10-4　国立教育政策研究所（2010）教育改革国際シンポジウム「教育研究におけるエビデンスとは――国際的動向と専攻分野からの知見――」

基調講演
トム・シュラー（OECD教育研究改革センター長）
「エビデンスと教育の効果」
シンポジウム
トーマス・クック
「米国におけるエビデンス活用の現状と課題」
デビッド・ゴウ（ロンドン大学EPPIセンター長）
「英国におけるエビデンス活用の現状と課題」

ーがあると考えられる。

さらに、種々の研究成果を総合的包括的に論じるための手法として、Systematic Review（系統的レビュー）というものも、日本ではまだなじみがないかもしれないが、近年、重要な手法として話題になってきている（例えば、Jeffery P.Hamelin and Peter Sturmey〔2011〕Active Support: A Systematic Review and Evidence-Based Practice Evaluation. *Intellectual and Developmental Disabilities*, 49, 3, 166-171.）。

教育実践（教室や学校での実践）の他、教育政策にも、確かな成果の期待できる手法を選択することが期待され始め、このような動きは、米国や英国でいち早く進んでいる。

教育政策も、説明可能な形に、つまり、「なぜそのような政策を選択したか」、「その政策は成果が期待できるか」に明確に答えられるようにすることが求められてい

表10-5　JDDネットワーク（日本発達障害ネットワーク）神戸大会（2010年12月4日）神戸国際会議場

シンポジウム	
エビデンスに基づいた指導・支援 〜特別支援教育のあるべき姿〜	
企画・司会	
柘植雅義	国立特別支援教育総合研究所
話題提供者	
山本淳一	慶應義塾大学
山田充	大阪府堺市立日置荘小学校
河場哲史	鳥取県立鳥取聾学校ひまわり分校
中尾繁樹	関西国際大学

る。先ほど挙げた手法のリストは、教育政策のエビデンス作りも可能である。

6　国際学会への参加の意図

学習障害（LD）に関する国際学会の一つに、IARLD（国際学習障害アカデミー）がある。その年次大会が、2012年6月、イタリアのパドヴァ大学（ガリレオ・ガリレイが教鞭《きょうべん》をとった大学）で行われた。また、2011年には、台湾の台北にある歴史的なホテルで開催された。

筆者は、これまで、AAMR（当時）やCECなどの国際学会に参加し、研究発表をしてきたが、国際学会・国際会議への参加の魅力は、なんと言っても、ある研究の動向を、国際的に見ることができるということである。例えば、国内で、ある研究分野や、研究テーマに、ある時期関心が集中し、多くの研究者がこぞってそこにエネルギーを集中し、短期間でその分野の研究が進む、といったこともあるが、同様の〝潮流〟は国際的にもある。

また、諸外国の研究動向から、日本の研究の今後を展望することもできるだろう。日本における特別支援教育という学問が、世界の研究の潮流の〝蚊帳《かや》の外《そと》〟に置かれていかないためにも、いや、より積極的に、日本から世界の研究潮流を創成していくためにも、国際学会・国際会議への参加は重要である。そして、そのことは、特にこの分野で130年以上の歴史のある日本の責務でもある。

10年ほど前、この学会は、ベルギーのアントワープで開催された。会場がアントワープ・ズー（Antwerp Zoo）と一次案内に書いてあり、なぜ国際会議が動物園であるのかと不思議に思ったものだが、会議開催の当日、会場に入ってその意味がわかった。歴史のある動物園で、中には博物館のような大きな建物があり、その大きなホールの天井から何やら巨大な恐竜の骨が吊《つ》るされ、重厚な階段の手すりには、貝の化石が埋め込まれていた。

ポスター発表会場入り口で、入場者にワイングラスが渡され、少し進むとワインが注がれ、その先でポスター発表（研究者が、自分の研究をまとめたポスターの前で、説明し、質疑応答に応じるという研究発表のスタイル）が行われた。随所に置かれたテーブルには、何種類かのチーズの盛り合わせも。シンポジウムという形態が学術学会の大会ではよく行われるが、体を横にして寝転がった姿勢で、リラックスして、お酒を酌み交わしながら、学問を語り合う、というようなスタイルだ。

２０１３年の大会は、アメリカのマサチューセッツ、ボストンでの開催が決まっている（現在、筆者は、このアカデミーで、世界各国から投稿されてくる論文の審査〔論文査読という〕をする仕事、つまりその学術誌の編集委員をしている）。

第11章　新たな課題の認識と対応の模索
――世界的なブランドに育てるために――

1　見えてきた新たな課題

以上、10の章にわたって、特別支援教育の現在や歴史、新たな兆しについて述べてきた。本章では、それらを踏まえて、特別支援教育のさらなる充実と発展に向けて見えてきた、課題と対応策について述べてみたい。それはまた、日本の特別支援教育に確かなブランディングを行い、世界各国から憧れの的となり、見本となり、参考となる水準に高めるためにどうしても必要と考える事項でもある。

なお、本章は、２０１２（平成24）年9月に開催された、日本特殊教育学会第50回大会

（つくば国際会議場）で、学会設立50周年を記念して行われたシンポジウム「日本特殊教育学会のこれまでとこれから――今後の10年を見据えて：インクルーシブな社会と教育の構築――」において、筆者が行った話題提供「特別支援教育の展開の現状と課題――研究と実践と政策の関係性の視点から――」で、大学などの研究者に向けて提案した「これから求められる特別支援教育に関する研究課題」として挙げた7つの事項を基に加筆修正したものである。

(1)理念と基本的な考えの問題

これは、改めて、「特別支援教育とは何か」、を問う問題である。

特別支援教育は、一人一人の子どもの多様性を大切にし、一人一人の特別な教育的ニーズを把握し、必要な支援を行っていくものである。一人一人に寄り添った、個に優しい対応である。そして、これは、障害のある子どもだけでなく、障害があるとかないとかではなく、一人一人の多様なニーズを尊重し、すべての人々に役立ち、支えとなるもの、という考えにつながるものである。こうして見ると、特別支援教育は、まさに共生社会の実現には、なくてはならないものである。

特別支援教育とは、このような高い理想を掲げたものであり、今後は、教育全般の中に、そのような特別支援教育をどのように溶け込ませていくかという具体的な作業が求められる。それは、何を、どこまで、どのようにしていくか、という問題でもある。そこには、場合によっては、優先順位の問題、制度のあり方の問題、費用の問題、地域の独自のあり方の問題などが関わってくるだろう。その際には、国連が示した障害者の権利条約を踏まえた、先の中央教育審議会が取りまとめた報告（２０１２年7月）も大いに関係するであろう。そこでは、インクルーシブ教育システムの構築に向けた今後のあり方が提言されている。

以上のように、特別支援教育の理念と基本的な考えについて、今後も、継続して検討していく必要がある。そして、その際には、以下の引用のように、教育全体の中における特別支援教育（当時の特殊教育）の位置づけの検討も避けては通れないだろう。

第7章で書いたように、今から40年以上前に設立された国立特殊教育総合研究所の初代所長を務めた辻村泰男が執筆したフレーズが、改めて思い出されるのである。

「これ以上に障害児教育を推進するには通常教育がもっと障害児に向き合って寄り添ってきてくれないと駄目だ」

「通常教育の守備範囲がもっともっと広がって、障害児も受け入れていってほしい。もしそうなるなら、特殊教育なんてなくなってしまってもよいと思う」

これは、先の、「特別支援教育とは何か」という問いに大いに関係する。そしてまた、歴史的な問題でもある（第7章を参照〔文部省、１９５３ａ〕）。

(2) 対象と範囲の問題

特別支援教育の対象と範囲の問題は、いつの時代にも関わる根本的な問題であるが、特に、今後、検討が必要になっていくものと思われる。かつての特殊教育の時代の対象に、新たに、ＬＤ、ＡＤＨＤ、高機能自閉症などの、知的障害のない発達障害を加えたことで、特別支援教育の対象が大幅に拡大した。

そして、「障害の種類と程度」から「教育的ニーズ」への転換により、明確な障害と診断されてはいないものの学習面や行動面などで特別な配慮が必要とされる子どもへの指導・支援も行うことになった。

特別支援教育は、障害のある子ども一人一人の教育的ニーズを把握して、適切な教育や指導を通じて必要な支援を行うものである。そして、知的障害のない発達障害が対象となったことで、その対象は一気に広がった。また、「知的障害のない」ということは、知的能力の上限は制限していないということであり、例えば、知能検査でＩＱが平均の１００前後を上まわる、１２０や１３０、さらにはそれ以上の子どもで発達障害の場合もあることから、そのような子どもも対象とするということである。さらに、発達障害については、自閉症、アスペルガー症候群、LD、ADHDなど、それぞれの障害において、診断基準の事情や、診断する側（医師）の事情などから、診断が明確ではなかったり、診断は出ないものの該当する障害特性が多く見られたりするという場合もあるとすれば、障害があるとかないとかを明確に切り分けることも難しく、そのような意味で、障害のある子どものみならず、まさに、特別な教育的ニーズのある子どもとして、主に通常学級において特別支援教育を展開することになる。このことは、かなりの範囲の拡大となる。

そもそも、第8章で述べたように、国によって、その対象と範囲は大きく異なる状態にあることに留意したい。そして、その対象と範囲が大きく異なるということは、その国の特別支援教育の理念や基本的な考えが違うということの現れである。

また、そもそも、対象や範囲は、医学の診断基準にも大きく左右される。アメリカ精神医学会によるDSM-Ⅳが10年ぶりの改訂作業に入っていて、まもなく公表される見通しだが、草案によると、DSM-5（ローマ数字のVではなく、アラビア数字の5という表記に変わるようだ）では、自閉症に関連する事項など、いくつかが大きく変更される予定である。したがって、これに伴い、自閉症の数（出現数）が変わる可能性が出てくる。つまり、これまで自閉症と診断されていた人がそうではなくなったり、逆に、これまで自閉症とは診断されなかった人が自閉症と診断されたり、ということが出てくる可能性があるということである。これにより、教育はもちろん、例えば、児童相談所での判定や、障害者手帳の交付など、さまざまな事項に影響が出てくる可能性がある。

さて、それらを踏まえたうえで、対象と範囲の問題について改めて考えてみたい。まずは、知的障害のない発達障害への本格的な対応の必要性の問題である。すでに、2003（平成15）年には、文部科学省から、小中学校の通常学級で6・3％ほどの存在が示されているが、今回のほぼ10年ぶりとなるフォローアップ調査では6・5％と示された（2012）。やはり、それくらいの割合の子どもたちを想定した教育が必要であるということである。このことから、アメリカで始まったRTI（Response to Intervention/Instruction）に関する研究は、日本においてももっともっと進められてもよいと思う。

また、小中学校のみならず、幼稚園や高等学校においても、対象と範囲の問題はある。しかし、例えば、幼稚園では、場合によっては、この時期特有の成長の大きな個人差の現れなのか、あるいは、個性や気質のレベルの問題なのか、判断に迷うこともある。また、高等学校では、学習のつまずきや遅れが、不登校などの学習空白から生じたのかどうかという問題や、知的障害ではないものの全般的な遅れのような状態になっているのかとか、さらには、種々の二次的な問題との関係から障害かどうかの判断がつきにくいということもありうる。とはいえ、それぞれ特有の困難を持っていることは確かだ。とすれば、これらの時期にある状態の子どもへの対応をどのように考えたらよいか、という問題が出てくる。こうして、改めて、対象と範囲の問題が、非常に複雑で難しい問題であることが見えてくる。

そして、特に、高等学校においては、アメリカ等の国々と違って、小中学校には設置されている通級指導教室や特別支援学級が設置されていないが、それでよいのか、そのほうがよいのか、あるいは、小中学校のように設置したほうがよいのか、の議論はどうしても必要であろう。その際には、その「必要だ」「必要ない」の議論には、生徒の学習や生活等の点から進歩や成長にどれだけ貢献するかどうか、というエビデンスを持って行う必要がある。

この、「高等学校にも特別な指導の場が必要だろう」ということについても、第8章で述べたように、辻村泰男の思いもあった事柄である。

「日本の高等学校にも特殊学級が必要だ」

それが、今になってもまだ決着していないのである。

なお、知的障害のある子どもについては、特別支援学校の分教室や分校の設置が、小中学校のみならず、近年、高等学校にも設置する動きが増えてきていて、さまざまな成果が報告されつつある。（通級指導教室や特別支援学級を設置しなくても）それで十分（あるいはそれがよい）、ということであれば、それでよいということを明確に示していくことが必要である。

また、文部科学省の定義による学習障害（learning disabilities）の子どもについては、より広く学習困難（learning difficulties）の子どもという考え方、さらには、多様な学びの違い（learning differences）の子ども、という考え方、というように、学習上のさまざまな困難を示す子どもたちを、どの程度の範囲まで対象として考えていくか、という問題もある。

さらに、サミュエル・カークが提示した学習障害と知的障害の関係をめぐる問題（柘植・上野、２０１２）、すなわち、通常学級に在籍する境界線知能の児童生徒は学習障害ではないものの、一部連続的な状態にある子どもが一定程度存在することも考えられる。

逆に、特に知的能力の高い子どもたちの問題もある。これについては、次の項で述べる。

以上述べてきたように、対象と範囲の問題は、彼らの指導・支援のあり方やそのシステム（制度）や、就学先決定（プレースメント）などの問題に深く関わることに注意したい。

(3) ２Ｅ教育の問題

障害がある一方で、突出した能力を持つ子どもや知的能力が特に高い子ども、すなわち、障害があるということと、突出した才能を持ったり知的能力が特に高かったり（gifted and talented）、といった二つの例外的（exceptional）な状態を持つ子どもということで、彼らは２Ｅ（twice exceptional）と呼ばれ、そのような子どもへの教育が２Ｅ教育と呼ばれることもある。この２Ｅ教育という考えは、例えば、アメリカや台湾などと比べると、日本ではまだ始まったばかりだ。

2E教育では、才能というものをどのように同定するか（アセスメントするか）、指導・支援計画をどのように作成するか、指導・支援方策の明確化や評価はどのように行うか、といった課題が見えてくる。さらに、制度的位置づけ（法的整備）、担当教員の養成（大学での担当教授らの養成。学術研究の振興）、現職教員研修、関係者や広く国民への理解啓発ということが必要になってくる。そして、そもそもその前に、日本は今後、2E教育を、本格的に行うのか、行わないのか、という判断も必要だ。

なお、関連する内容が2010年に放送大学大学院の科目になり、テキストが刊行され始め、学術学会で諸外国の2E教育の動向が紹介されるなど、着実に関連する情報が増え始め、研究や実践が始まっている。種々の障害のなかでも特に発達障害の場合の取り組みが顕著だ。

例えば、台湾の教員養成大学や大学院で、特別支援教育を専攻すると、障害のある子どもの教育のコースに入るか、ギフティッドの子の教育のコースに入るかを決めると聞いたことがある。もちろん、教える側の教授陣や、講座も2つに分かれているという。台湾では、ギフティッド教育を制度化しているから、当たり前と言えば当たり前のことなのだが。

筆者の前書である『学習障害（LD）』（2002）で紹介したが、『ギフトを持って生まれてきた子どもに、なぜさらにまたギフトを与えるのか』という書籍がアメリカで刊行されている。アメリカなどでは、ギフティッドは、教育における重要な話題なのである。

あるいはまた、こんなエピソードもある。昔、米国デトロイトのある小学校の教室でネズミが逃げ出した。子どもたちは大騒ぎで、教室中を一生懸命探すが見つからない。その時、目の不自由なスティーブ少年が、ネズミの微《かす》かな音を聞き分けて、陰に潜んでいたネズミを探し当てたという。その時、担任の教師は、皆の前で彼を褒めた。スティーブは、目は見えないが、耳は誰よりもよく聞こえる、と。そして、将来、誰よりもよく聞こえる、ということを生かした仕事に就きなさいと言ったという。そう、そのスティーブ少年は、やがて世界的に知られる音楽家にのぼり詰めた。スティービー・ワンダーとして。

さまざまな障害を持った人が、特定の領域において特に優れた能力を示す例はよくある。何らかの障害があると、どうしてもその障害に注目しがちだが、もしかしたら、他の人にはない優れた能力を持っているかもしれないのである。盲聾《もうろう》の重複障害として知られるヘレン・ケラー女史がこんなことを言っている。「人は、閉じてしまった扉をいつまでも未練がましく見つめる。一つの扉が閉まれば、たいていは、別の扉が開くことにも気がつかずに」。

(4) 個に応じた指導・支援、教育課程、指導の質の問題

教室の中での指導・支援や授業の質を一層高める必要がある。発達障害をはじめとする障

害のある子どものためにも、その他の障害のない子どものためにも。

そして、その前提として、各教科等の指導の質が一定以上のレベルになっていること、学級崩壊のような状態になっていないこと、不登校やいじめが大きな問題となっていないこと、差別的な発言が飛び交うような雰囲気の教室や学校になっていないこと、などが整っていないと、特別支援教育をうまい具合に展開するのは容易ではないだろう。

そのうえで、まず、小中学校における通級による指導や特別支援学級における「特別の教育課程」について考えてみよう。実は、障害のない子ども向けの一般の教育課程と、障害のある子どもの「特別の教育課程」といった2本立てになっている。そして、そのような作りのよさと課題が十分に検討されているわけではない。

例えば、現在、小中学校に設置されている「通級による指導」や「特別支援学級」では、「特別の教育課程」を編成してもよいことになっているが、その際には、特別支援学校の学習指導要領を参考にすることとされている。つまり、「通級による指導」や「特別支援学級」では、「特別の教育課程」を編成する独自の基準とか枠組みはないのである。言い換えれば、特別支援学校の学習指導要領からの「借り物」ですませる状態になっているのである。それでよいのか、つまり、それで十分な教育が展開され、問題はない、と言い切ってよいのか。

この「借り物」ということは、後で述べる、教員免許状の置かれている現状と似ている。

また、視覚障害、聴覚障害、知的障害、肢体不自由、病弱については、障害別に学習指導要領で各教科などが規定されているが、例えば、特別支援学校の制度になり、複数の障害種別への対応が可能になった学校における教育課程はどうあるべきかがまだ明確ではなく、模索の段階にあると言ってよいだろう。例えば、全国に約1000校ある特別支援学校のうち、知的障害と肢体不自由に対応する特別支援学校は100校を超えているが、そのような学校（知肢併置校とも呼ばれる）の教育課程はどうあるべきか、の答えがまだ明らかにはなっていない。

次に、「指導方法は確立されたか」という、特殊教育の時代からの中核的な問いがある。障害種別ごとに考える事柄だが、およそ障害のある子どもに共通するような基本的な指導方法はあるのかどうか、あるならそれは何か、という問題である。

確立されているとすれば、もうそのことにエネルギーを費やす必要はなく、その他に回すべきである。いやそうではなく、まだ確立されていないとすれば、早急に確立に向かうべきである。効果があるかどうかわからないような指導を子どもにするわけにはいかないからである。科学的根拠（エビデンス）に基づいた指導をしていくために、どうしても避けられない問いである。

障害を複数併せ持つ子どもの指導についても課題が残っている。視覚障害、聴覚障害、知的障害、肢体不自由、病弱の5障害の組み合わせによる重複障害については、その指導法はすでに長年の経過があり、一定以上の確立がなされていると考えてよいだろう。

その一方で、例えば、視覚障害と自閉症を併せ持つ子どもはどうだろう。そのような子どものアセスメントの仕方、指導計画の作成、指導の実際、指導の評価の仕方など、実は、よくわかっていないのである。5障害に発達障害を併せ持った場合の重複の子どもへの指導は確立されているか、と聞かれれば、されていない、と答えることになるのだと思う。

教室でどのような指導方法を選択したらよいか、というこれまた根本的な問題もある。その解決には、そもそも、教室で利用可能などのような指導方法があるのか、ということと、その子どもにはどのような指導方法が効果的か、ということが明らかになっていることが必要である。都道府県や市町村によっては、教育委員会や教育センターが、冊子にしたり、Webサイト上のデータベースを構築したりしている場合もあるだろうし、通級指導教室や特別支援学級では、教室の一角に多数の教材（プリント教材を含む）が棚に整理されているのをよく見かける。そして、そこから、指導・支援に適切なものを選び出すことになる。

なお、指導方法ごとの有効性、つまり、指導方法による効果の違いの検討は重要である。

まずは、いろいろな学術学会の学術誌には、研究動向や研究時評などの名称で、テーマごとに発表された論文を分析するというスタイルの研究論文がある。これは、過去の指導方法に関する研究のレビューと言われる。近年では、系統的レビュー（systematic review）という、より高い精度のレビュー論文のスタイルが諸外国で進む。また、指導方法の格づけをして公表するという試みも見られる。

また、人を幼少の時から、場合によっては出生時から長期にわたって追跡するというスタイルの研究が、諸外国でよく見られる（柘植・秋田、２０１０）。これは長期縦断研究、あるいは、コホート研究（Cohort Design）と呼ばれるものである。例えば、障害のある子どもの出生時から成人になるまでの縦断研究をすることで、教育の効果の検証（就学先決定、教育課程、指導方法、教員の専門性、自治体の教育政策などの視点からの分析）に迫ることが可能になる。「教育の効果は、すぐにはわからない。その子が大人にならないと」と言われることがある。このフレーズが、ややもすると、「教育の効果をあまり科学的に求めない」、あるいは、それどころか、そもそも「教育の効果を求めない」という風潮を後押しするような言い訳として使われることがあるとすれば残念である。

次に、指導・支援の適切性をどのように確保するか、という問題がある。これは、言い換えれば、指導・支援のＰＤＣＡサイクルの精度の向上と、指導・支援の一貫性をどのように確保するか、という問題と言ってよい。そして、そのための最強のツールが、個別の指導計画、個別の支援計画である。これまで、諸外国と比べて、個別の指導計画や個別の支援計画が研究対象になることは少なかったが、これらは、まさに一人一人の指導・支援の設計図であり、その成果のタンク（貯蔵庫）であるから、これをていねいに分析する必要がある。個人情報など、あれこれクリアしなくてはならない事項はあるが、今後日本においても、大いに研究が進むことが重要である。

このように、指導・支援の有効性と適切性に関する注目と必要な取り組みは、今後、通常学級で学ぶ障害のある子どもの指導のあり方を考えていく際にも、大いに貢献するだろう。

(5) 通級による指導と特別支援学級のあり方の問題

現在の特別支援教育の制度では、小中学校には、「通級による指導」と「特別支援学級」がある。これは、いうなれば、通常学級における教育だけでは十分ではない児童生徒、つまり、十分な教育的効果が期待できない児童生徒のために、特別な指導を行う仕組みとして用意されているものである。このような仕組みは、通常学級から取り出して指導・支援を行うので、一般に、「取り出し指導（pull out）」と言われることもある。そして、このような仕組みは、国によってその考えや制度は違うものの諸外国でもよく見られる（参考：国立特別支援教育総合研究所が、2008年12月に開催した、第28回アジア・太平洋特別支援教育国際セミナーにおいて、筆者が行った基調講演「〝通常学級における指導〟と〝取り出し指導〟〜それぞれの充実と両者の融合〜」)。

さて、日本のこのような取り出し指導には根本的な問題が4つある、と筆者は考える。

a．通常の学級での指導と取り出し指導との関係の問題

b．教育課程の問題

c．教員免許の問題

d．幼稚園や高等学校には設置されていないという問題

a．通常の学級での指導と取り出し指導との関係の問題

例えば、言語障害の通級による指導と特別支援学級での指導では、指導を受けている児童生徒の状態の切り分けや、指導の内容や方法の切り分けが不明確と感じることがある。これは、情緒障害など、他の障害についても、同様に感じることである。また、学校にどちらか片方しか設置されていない場合には、それが他の機能を果たそうとする場合もあると聞く。

しかし、特別支援学級で学ぶ子どもの籍は、特別支援学級である。一方、通級による指導を受ける子どもの籍は、通常学級である。つまり、同じ学校で学ぶ障害のある子どもが、一方では特別支援学級であり、他方では通常学級ということになっているということである。

また、特別支援学級の「交流及び共同学習」で、多くの時間（非常に多くの時間）、通常学

級で学ぶ事例もあるとすれば、通級による指導と特別支援学級での指導の切り分けがわからなくなる。だとすれば、両者を一本化して、全員、通常学級に籍を置き、必要な時間のみ取り出し指導を行う、という考え方が自然に出てくる（これが、中教審の報告書で明記された「特別支援教室（仮称）」構想であるが、まだ実現されていない）。

b．教育課程の問題

通級による指導も特別支援学級も、特別の教育課程を編成することができると法令上規定され、その際には、特別支援学校の学習指導要領を参考にすることとされている。つまり、通級による指導も特別支援学級の教育課程編成にあたっての真のよりどころはなく、「借り物」となっているのである。特別支援学校で学ぶ子どもの状態は、通級による指導や特別支援学級のそれとは全く異なるので、基本的には借りてこられるようなものではないはずである。例えば、特別支援学校の学習指導要領ではなく、広げて特別支援教育の目標や内容をまとめたパッケージというようなものでも構築できるとすれば、問題は解決されることになる。あるいは、特別支援学校の学習指導要領はそのままにしておいて、小・中学校などの学習指導要領に、「通級による指導」や特別支援学級における必要性、目標や内容をまとめたパッケージを付加する方法も考えられる。

c．教員免許の問題

この問題も、先の、教育課程編成と同様で、通級による指導や特別支援学級の担当者の教員免許はなく、特別支援学校の教員免許を取得することが奨励されている状態が続いている。これも、おかしなことである。これでは、通級による指導や特別支援学級の担当者の真の養成や、そのような教員の専門性の確保は困難である。

通級による指導や特別支援学級の担当者の専門性は、特別支援学校の担当者の専門性とは基本的には異なるものであると考えたほうがよいだろう（もちろん、共通なものもあるだろうが）。特別支援学校の担当者の専門性は、通級による指導や特別支援学級の担当者の専門性よりも高い、という考えがもしあるとすれば、それは正しいとは言い切れないと思う。なぜなら、それを裏づけるデータ（根拠）を見たことがないからである。

d．幼稚園や高等学校には設置されていないという問題

通級による指導や特別支援学級の、もう一つの問題は、それらが小学校と中学校にしかない、ということである。アメリカや韓国など、諸外国では、幼稚園、小学校、中学校、高等学校と連続的に類似の形態があるが、日本は小学校と中学校にしかない。そして、そのよう

な形態が、小学校と中学校には必要だが、幼稚園や高等学校には必要ない言い切る根拠は今のところないと思う。なお、吃音《きつおん》など、一部の障害については、早期の介入が効果を生み、もはや何年も継続的に指導を行う必要がない、というような場合もあるだろう。事実、言語障害の通級による指導や特別支援学級では、小学校に比べて中学校における設置が非常に少ない。それに比べて、発達障害、自閉症、情緒障害については、中学校における設置が近年増えている。継続的に指導・支援が必要であるからだろう。

逆に、先の章で見たように、例えば、神戸市では幼稚園に通級による指導を独自に設置し、成果をあげている。また、高等学校においては、いわゆる進学校から、通信制や定時制の学校まで、多様な子どもが学んでいる通常学級の授業改善だけで、〝うまくいく〟のではなく、場合によっては、何らかの取り出し指導の形態が必要であるという声を聞くことが多い。

国連の障害者権利条約の批准に向けた取り組みの一つとして、教育分野について議論された中央教育審議会の報告で、共生社会の実現に向けた特別支援教育のさらなる充実発展が必要であること、そして、その際には、インクルーシブ教育システムの構築を踏まえて行うことが示された。障害のある子どもとない子どもがともに教育を受ける「交流及び共同学習」を積極的に推進することが、２００４年の障害者基本法の改正で示された。障害のある子どもも一人一人が、適切な教育が受けられ、確かな学力と豊かな心の育成につながることを目指す一方、障害のない子どもが障害のある子どもと「交流及び共同学習」でともに過ごすことで、期待できる成果を目指していくことが今まさに求められている。

障害のある子ども一人一人が一層豊かな学びにつながるという視点と、障害のある子どもとない子どもがともに過ごすという視点は、決して相反するものではなく、うまい具合の歩み寄りや融合をいかに進めていくか、という高い志を、多様な関係者の合意のもとに、そしてまた、誰かが犠牲になることなく、科学的な根拠をもって進めていくことが期待される。

例えば、現在、日本には、約1000校の特別支援学校がある。それで足りないなら、2000校、5000校と増やしていく必要がある。いや、逆に、それほどいらない、ということであれば、半分の500校にするとか、10分の1の100校にするとか、あるいは、全くなくす、ということもありうるかもしれない。ただ、現在では、そのいずれにも判断できるようなデータ（根拠）がないのである。近年、日本では、子どもの減少も含め、人口減少の社会に入っているが、特別支援学校で学ぶ子どもの数は確実に増え続けている。「交流及び共同学習」の積極的な推進とか、共生社会の実現、という流れからは逆のようにも見えるかもしれない。この事実を、どのように考えるか、である。結果として、自然にそうなっている、ということでよいのか、それとも、確かな根拠も参考にしながら、より高度な考えや判断などにより、一定の方向性を目指すべきなのか。

そしてこのことは、まさに、今後、通級による指導や特別支援学級をどのように（量的・質的に）整備していけばよいのか、という問題とも重なるものである。

(6) 教員の養成、専門性、学歴、免許制度の問題

まず、大学・大学院における教員養成と、都道府県や市等に設置されている教育センターにおける現職教員研修との一貫性、連続性、一体性の問題がある。現状では、基本的には、両者の間に関係はない。しかし、例えば、中教審で示され、話題になっている教員養成のさらなる長期化（4年ではなく6年とするなど）の必要性が示されている。特に、通級による指導や特別支援学級、そして特別支援学校など、特別支援教育に深く関わる教員の養成は、特別支援教育の時代になり、役割や期待が格段に増大していることから鑑みて、さらに、諸外国の状況から見ても、もはや大学学部の4年間では足りないと思う。そして、養成期間の延長を、学部卒でそのまま大学院へ進学というのではなく、教員として何年かを経験してから、現職教員研修として再度大学（基本的には大学院）で学ぶ、というスタイルも考えられる。少なくとも、修士修了とし、博士の学位取得者も計画的に養成していく必要があるだろう。米国などでは、特別支援教育の分野で活躍する教師は、修士（M.A.）が基本となっていて、博士（Ph.D.）の学位を持つ場合も珍しくはないと思う。教育委員会の担当者も同様である。

さらに、特別支援教育の教員免許の問題がある。実は、現在の日本には、「特別支援教育の担当者の免許状」がないのである。特別支援学校の担当者の免許状はある。しかし、小中学校や幼稚園、高等学校等での、担当者に特化した免許状はないのである。したがって、小中学校や幼稚園、高等学校で特別支援教育を特に推進する立場の教員、例えば、小中学校の通級による指導や特別支援学級の担当者、あるいは、特別支援教育コーディネーターで、関連の免許を取得しようとすると、特別支援学校の免許を取るしかないのである。しかし、あくまで特別支援学校の免許であることから、「借り物」状態になっているのである。これは、先に述べた「特別の教育課程」の作成において、特別支援学校からの「借り物」になっているのと似ている（通級による指導と特別支援学級を、自立させる必要がある）。このような状態で、通級による指導や特別支援学級の担当教員の真の専門性向上は、非常に難しいのではないかと思う。

なお、学校の免許状は、基本的には学校種別に用意されているが、養護教諭や栄養教諭のように、校内のすべての児童生徒に共通に関わるような事項については、その内容別（業務別）に用意されている。特別支援教育の免許状の可能性についての検討が必要であろう。

次に、小中学校や高等学校等の通常学級の一般の教員は、特別支援教育に関するどのような事項をどこまで知っている必要があるのか、という素朴な問いがある。すべての教員が、特別支援教育について高度な知識・技能を持つということは、あればあったでよいが、現実的ではない。では、どの程度までか、という問いである。

(7)本人、保護者、家族の参画のあり方の問題

新たに誕生した特別支援教育の特徴の一つは、「保護者」との連携を重視していることである。文部科学省が設置した調査研究協力者会議が取りまとめた「今後の特別支援教育の在り方について（最終報告）」（2003）では、「障害のある児童生徒の教育の重要性を理解し、また、草の根的に、独自のネットワークを活用し、献身的に取り組む『親の会』やNPO等の活動の中には、教育の充実や効果的な展開において重要な役割を果たしてきたものもある。今後、教育委員会や学校において障害のある児童生徒一人一人の教育的ニーズに対応して質の高い教育をより効果的に推進するためにもこれらの会等とも連携協力を図ることが重要である」とされている。

また、「個別の指導計画」の作成においては、子どもの実態把握など保護者との連携協力が重要であるとされ、「個別の教育支援計画」の作成においては、保護者は参画する立場にある。（文部科学省によるガイドライン〔2004年〕の第5部を参照）

さらに、2012年7月に中央教育審議会の初等中等教育分科会が取りまとめた報告では、国

連の障害者権利条約の批准に向けた取り組みの中核的な基本事項である、インクルーシブ教育システムの構築との関係も深い。例えば、就学先の決定や、広く教育サービスを決定する際の当事者、保護者、家族の役割は今後、ますます増大していく方向に進むであろう。しかし、今後、保護者の参加や協力、さらには障害のある子どもの権利や保護者の権利が、どの部分において、どの程度進むのか、あるいは、進めたらよいのか不明である。不明であるというのは、明確な判断の根拠となるデータが不足しているからである。

（参考までに、例えば、アメリカにおけるＩＥＰの作成において、保護者がどの部分で、どの程度関わっているか、どのような権利を持っているかについては、柘植・緒方・佐藤〔２０１２〕を参照されたい）

(8) 投資と費用対効果の問題

障害のある子どもの教育に関わる費用対効果の問題がある。そもそもこの分野にどのくらいの投資をすればよいのか。障害のない子どもに比べ約10倍の費用がかかっているというような指摘もあるが、それで十分なのか、まだ足りないのか、多すぎるのか。コスト（経費）に関わる問題は、特にこれからの日本の経済力の状況を見る際に、避けて通れないだろう。今後、一層、関連するエビデンスが求められることが予想される。

費用対効果分析（Cost-effectiveness analysis）という研究分野があり、さまざまな研究が行われてきている。特に、教育や、さらには、特別支援教育に焦点を当てたものも、諸外国ではみられる。

例：Levin H.M. and McEwan P.J.（2001）*Cost-effectiveness Analysis: Methods and Applications*, 2nd ed. Sage Publication（特別支援教育の関連事項は第8章）

より具体的には、次のような事項が問われる。

○教育経費全体の中に占める特別支援教育関連経費
○特別支援学校と、小中学校の通級による指導
○特別支援学級にかける経費の関係
○障害種別による経費の多少
○国においては、特別支援学校や特別支援学級を希望する児童・生徒の割合の近年における急増に伴う、就学奨励費の急増と、各種事業にかける経費の関係

特別支援教育に関わる経費がもし足りなければ増やさなくてはならないし、逆に、多すぎれば減らさなくてはならない。要は、そのような意思決定の判断の根拠をどうするか、ということである。そして、その際のエビデンスが少ないということである。わが国においては、今後、特別支援教育に関する投資と費用対効果に関する学術研究が必要であろう。

(9) 評価の問題

特別支援教育の評価をいかに行うかという問題がある。

そもそも、特別支援教育の推進にあたって、評価を行うという考えは重要であり現在の状況から見ても当たり前の事柄である。PDCAサイクルで特別支援教育を推進するためにも、評価をていねいに適切に行う、ということは新たに誕生した特別支援教育そのものの特徴の一つでもある。特殊教育の時代には、そのような考えはなかったか、少なかった。

それでは、どのように行うか、ということである。まず、評価を行う対象のレベルの問題がある。例えば、国レベル、都道府県レベル（指定都市レベルを含む）、市町村レベル、学校レベルと分けて考えることが重要であり、さらに学校レベルという場合、学校経営上のレベル、学級・教室レベル、授業レベル、指導レベル、というように分けて考えることができる。

そして、国レベルや自治体レベルでは、政策評価とか行政評価などと呼ばれ、評価手法の基礎的研究から、実際的研究まで、さらには、評価手法の解説本などさまざまな取り組みがある。10年ほど前に設立された、日本評価学会における種々の研究の蓄積がある。一方、学校においては、まずは、学校評価が行われ始めており、すでにすっかり定着した感がある。その結果は、各学校のWebサイトなどで公表されている。また、障害のある児童生徒一人一人に目を向けると、「個別の指導計画」や「個別の教育支援計画」には、まさに、子どもの指導や支援の状況の評価が記述されている。

さて、素朴な疑問として、例えば、国レベルや自治体レベルで、特別支援教育に関するその政策や施策は成功したか、このまま続ければよいのか、変える必要があるのか、進捗状況をどのように測定したらよいか、という問いがあるとすると、それにいかに答えるのか。

実は、このような問いに、まだうまい具合に答えられるような状況にはなっていないと思う。したがって、今後は、まずは、具体的な評価システム（評価指標）の構築が必要であろう。そのためには、例えば、特別支援教育以外の他の領域の評価の状況や、諸外国における動向把握が必要である。そしてまた、このような政策や行政の評価は、その企画立案のありようにも深く関わる事項であり、言い換えれば、ＰＤＣＡサイクルで、政策や行政を推進する際の、企画立案（Ｐ）の段階における客観性や具体的な説明可能性、つまり、根拠に基づいた政策や行政の展開とも深く関わるのである。このような考えや取り組みは、すでに米国や英国で始まっている。

⑽理解推進と広報・普及の問題

発達障害をはじめ、さまざまな障害や特別支援教育について、広く一般の国民や、特別支援教育の関係者などのさまざまな人々への適切な理解推進と関係情報の幅広い普及の問題がある。問題があるというのは、すでにそれらの問題については、取り組みが進んできているものの、まだ不十分だから、ということである。例えば、ある自治体の条例案の検討段階の案として、幼少期の子育ての拙さが発達障害を招く原因であるかのように記述されていたり、新聞やテレビなどマスコミによる凶悪犯罪の報道においてあたかも発達障害であることこそが唯一最大の原因であるかのように報道されたり……。

また、地域住民の理解啓発が足りない、学校の教員の理解啓発が足りない、通常学級で障害のない子どもたちの理解啓発が足りない、などと言われるが、それでは、どこまで至ったら、「もうよし」と言うのか。ゴールをどこに置くかという問題である。例えば、公開講演会やセミナーの終了時に、参加者にアンケートをとる、というのも一つの方法であるが、それだけでよいとは思われないだろう。

あるいは、より広く、わが国は、「共生社会」の実現を目指しているが、それでは、それが実現されたかどうか、どこまで実現されたかを、どのように理解できるのだろう。これについては、内閣府による質問紙調査があり、「共生社会政策関係都道府県別指標データ（障害者施策関連）」として、その結果が、Ｗｅｂサイトで公開されている。

この他に、どのような指標で、どのような方法で、どのような対象に行っていく必要があるのか、さらなる検討も必要であろう。国連が提唱する世界自閉症啓発デーのシンポジウムがある。国として、また、全国各地においてもさまざまな催しが開催されているが、いつまで続けるのか、どのような状態になったら自閉症の理解啓発が必要なくなったと判断するのか、その答えは今のところないと思う。

一方で、例えば、全国の自治体では、教育センター等で特別支援教育に関する研修会が継続して開催され、大学では公開講座などで特別支援教育がテーマとして取り上げられ、学校の教員が特別支援教育を学ぶ機会は非常に多くなってきた。しかも、テーマも多様化してきていて、また、校内での立場や、入門研修や専門研修、初級、中級、上級など、さまざまな形態に成長してきている。これらの他に、地元の親の会や関連するＮＰＯ法人も、広く一般市民向けの公開講座を開催してきている。テレビや新聞等が、発達障害をはじめとするさまざまな障害や、特別支援教育に関連した内容を取り上げることも多くなってきた。

2　新たな課題を見つめ改善していくという考えと具体的な手法の重要性

以上のように整理した「見えてきた新たな課題」であるが、一般的に、その時々の課題が整理された後は、その解決に向けた、戦略的で計画的な取り組みと、その途中での随時のモニター（評価）が必要である。そうしないと、5年経っても、10年経っても、いや、100年経っても、同じ課題が課題として残り続けることになる。多くの時間が経過しても、「これが問題だ、課題だ」と繰り返し叫び続けられるだけで、問題が解決されない、ということになる。先の章で述べた、特別支援学級（当時の特殊学級）を担任する者の要件は、現代でも色あせていない。とすれば、これも、残念だが、まさにそのような事例の一つかもしれない。また、障害のある子どもを「ガイジ」と呼ぶ差別的な表現がまだ残っている（一部の地域で使われている）ということも同じである。

時代を見据えた確かな課題の設定と、高い志と、問題解決のための手法としてのPDCAサイクルとマネジメントを駆使し、思い切った行動を起こしていくことが必要である。

終章　夢と希望と幸せの仕掛け

現代社会が抱えている最大の問題の一つは、〝多様性〟(diversity)であり、それにどのように教育が応じていくかが課題である。問題と書いたが、言い換えれば、問題ではなく、挑戦(チャレンジ)である。つまり、多様なニーズへの挑戦である。

考え方の違い、身体的違い、気質の違い、性格の違い、方言の違い、習慣の違い、あるいは、趣味の違い、収入の違い、さまざまな能力の違い、そしてまた、文化の違い、言語の違い、国籍の違いと、現代社会は、まさにさまざまな多様性に溢れている。それらの〝違い〟(differences)こそが豊かさを生み、広がりを生み、新たな可能性を生むのであると信じたい。その一方で、〝違い〟は時に、生きにくさ、学びにくさ、働きにくさを生み、時に、いじめや排除、場合によっては差別へとつながることもある。

違うということを尊重し、違うという状態の人どうしがともに生きる、ということを当たり前とする社会にしていきたいと願う。いろいろな人々がともに生きることで、そのために種々の犠牲や、調整や、コストが必要かもしれない。我々は、それらを、いろいろな知恵を絞って解決していけばよいのである。その解決の一つの提案であり、具体的な〝技法〟が、特別支援教育なのである。そんな大きな任務を、特別支援教育は担っているのである。

障害がある、ということも、先に列挙したさまざまな〝多様性〟の一つである。そして、本書で述べてきたように、障害のある子どもについて、特別支援教育の推進が、もはや障害があるとかないとかではなく、すべての子どもの確かな学びと豊かな心の育成になくてはならないものとして位置づけられ始めているのである。つまり、特別支援教育が今後さらに充実していけば、障害があるということから生じる困難は、確実に減少させていけるはずである。

障害があるという、〝違い〟を理解し適切な対応を私たちがとっていくことは、そのような違いを持っている人はもちろんだが、他の人にとっても大きな益があることがわかる。〝違い〟は、人類に課せられた課題であり、エネルギーの源のようにも思えてくる。けっしてマイナスなものではない。〝違い〟は、まさに、人々の夢と希望と幸せの仕掛けなのである。

15年ほど前、米国カリフォルニア大学ロサンゼルス校（UCLA）に客員研究員として滞在していた頃、訪問したロサンゼルスのある小学校で、「違いを見つけよう、違いを作ろう、違いを大切にしよう」というような標語のポスターが校舎の入り口に張ってあったのを覚えている。米国で滞在を始めたばかりの当時は、そのフレーズがなんとも新鮮に思えた。なぜなら、その頃の日本は（今も一部そうかもしれないが）、「皆一緒に」「遅れないように」「出過ぎないように」「突き抜けないように」、そして「違わないように」というようなことがよしとされた風潮があったからだ。

〝違い〟といっても、先に述べたようにさまざまなものがある。それらすべての違いに一気にうまく向き合うことは難しいかもしれない。しかし、少なくとも、障害のある子どもと向き合うことは、特別支援教育という時代を迎えて、難しいことではなくなりつつある、と考えたい。いや、早くそうしなくてはならない。

第6章で紹介したように、120年以上も前、石井筆子が盟友である津田梅子とともに夢見た、日本の女性が幸せに暮らせる社会の実現。そのキーワードは、女性の人権であり、女性の地位向上であった。〝性の違い〟が、当時の日本では、超えることのできない大きな壁に思えた。その違いをなんとか克服して、女性が夢を持って、希望を持って、幸せに生きていける社会にしようと考えたのである。やがて、筆子は、知的障害のある女児の教育を通して、女性の人権向上に尽力し、一方、梅子は、女子のための高等教育機関（現在の津田塾大学）の設立を通して、女性の人権向上に尽力した。両者の方向は、そのように違っていったが、男とか女とかではなく、障害があるとかないとかではなく、すべての人が、人権を大切にされ、幸せに暮らせる社会の実現を目指したのは共通していた。そして、現代社会、女性という性の違いがもたらす困難は、大きく改善されつつある。

わが国が掲げる「共生社会」の実現（内閣府）とは、言い換えれば、まさに、多様性から生じるさまざまな違いを大切にし、どのような人も、人権を大切にされ、楽しく豊かに過ごせる社会を、この日本で作ろうとするものである。

だから、ぜひとも成功させなければならないのであり、なにがしかの違いによって、ある人が不利な状況に追いやられているとすれば、それらを一つずつなくしていけばよいのである。

このように見てくると、障害から生じる種々の違いを理解し、尊重し、教育的視点から支援をしていこうとする特別支援教育も、やはり、すべての人々の、夢と希望と幸せの仕掛けなのである。

学校教育の段階で、障害という視点のみならず、さまざまな多様な幼児児童生徒が学んでいる。まさに学習者の多様なニーズに応えていくのが特別支援教育なのである（柘植、2004）。特別支援教育は、障害からくる違いに、一層うまい具合に対応することを目指している。特別支援教育は、実は、そんな大きな任務を背負っているのである。

しかし、特別支援教育は始まったばかりである。日本における、障害のある子どもの教育の始まりとされる京都盲唖院が設立されて、１３０年以上になる。それ以降、日本の障害のある子どもに対する教育は、ある時期は特殊教育と呼ばれ、そして、21世紀になって、新たな特別支援教育の時代になった。それにより、２０１３年の今、幼稚園、小・中学校、高等学校の教育が大きく変わった。

しかし、「序章」で見たように、学校においても、街や社会においても、障害があるという違いがまだまだ理解されず、時に学びにくさや暮らしにくさに直面し、そして時には、差別的な排除の状況へと追い込まれている。残念なことだ。しかし、これから5年経っても、10年経っても、同じようなことが繰り返される世の中であってはいけないと思う。

障害という違いを今まさに、私たちは全力で克服していかなくてはならないのだと思う。21世紀になって颯爽《さっそう》と登場した特別支援教育は、それを可能にする仕掛けであると信じている。だからこそ、私たち自身で、大切に育てていきたい。

補章　中学生・高校生の皆さんへの期待

本書を読んでくださった方々の中で、特に中学生・高校生の皆さんへの期待を述べたい。本書を読んでみて、特別支援教育は、実は、ある特定の限られた、少人数の特別な人だけを対象にしたものではない、ということがわかっていただけたのではないかと思う。多くの皆さんが、非常に身近な問題であり、国民全体の問題と感じられたのではないだろうか。人として、社会で生きていく以上、障害とか特別支援教育とかが、全く無関係だと言い切れる人は、まずいないはずである。

それはなぜか。

まず一つ目。近い将来、皆さんは、なんらかの職に就くことになるだろうが、たとえどのような職に就いても、職場でさまざまな障害のある人とともに働くことになるということを忘れないでおいてほしい。

小学生が将来就きたい職業の調査が毎年行われており、テレビや新聞などで紹介される。

そのなかで、障害のある人は就かない職業というものがあるだろうか。身体上などで特別な要件が必要な場合を除けば、基本的には、ないと考えてよい時代になった。タクシーや電車の運転手、スポーツ選手、医師、大学教授、小学校の教師、弁護士、コンビニの店員、レストラン関係者、農業や水産業関係者、観光関係者、銀行・金融業界、映画・音楽関係、報道・マスコミ関係、国会議員。職業によっていろいろな要件はあるものの、基本的には、さまざまな障害のある人も関わり、働いているのである。

そしてまた、たとえ、あなたがもし職業に就かないとしても、地域で社会生活を送っていく以上、職業人に関わることになる。病気をして医者にかかる、わが子が小学校に通って教師から授業を受ける、恋人とレストランで食事をする、スーパーに買い物に出かける、少なくとも、働く人々と全く関係を持たないで生きていくことはありえない。そして、その時、あなたは、障害のある人から何らかのサービスを受ける可能性があるのである。

二つ目。あなた自身が、例えば、視覚障害とか聴覚障害とか、あるいは、肢体不自由などの障害を持っているかもしれないし、発達障害を持っているかもしれない。さらには、そのような明確な障害ではないものの、例えば、少し視力が低いとか、小さな音は聴きづらいことがあるとか、不器用だ、などと感じている人がいるかもしれない。そしてまた、診断はないものの発達障害に見られる何らかの特性を少し持っているのではないかと漠然と感じている人もいるかもしれない。

おそらく、このような人々の割合は、もはや、全人口の0・01%とか、0・1%といった割合ではなく、5%とか、10%とか、もしかしたら、50%以上かもしれない。いや、すべての人が何らかの困難を感じ、日々生活していると言ってもよいかもしれないのである（拙著／『学習障害（LD）』）。

こうしてみてみると、すべての人々が自ら何らかの困難を感じ、何らかの支援を必要としているのではないか、とも思えてくる。つまり、そもそも、人とはそういうものだと。

そして、今現在、そのような障害や、障害の特性のようなものが、全くない（ないと感じている）としても、将来、例えば、不測の事故や病気により、何らかの障害を持つことになる可能性もあるだろう。両足を切断し、車いすを使うようになるとか義足を使うようになるとか、視力が急速に落ち込んできて点字を使うようになり、街に出るときには白杖《はくじょう》を使うとか。あるいは、近年、交通事故などによる頭部へのダメージによる高次脳機能障害の問題も注目されているが、この障害では、記憶とか判断といった高次の脳機能が影響を受けることになる。

さらに三つ目。皆さんは、将来、結婚して子育てに関わることになるかもしれない。将来誕生するであろうわが子には、絶対に障害がないと今から断言できるだろうか。あるいは、皆さんの兄弟姉妹や親戚《しんせき》に、何らかの障害を持った子どもがいる（生まれる）可能性もあるだろうし、皆さんが人生の伴侶《はんりょ》として選んだ人の兄弟姉妹やその親戚に障害のある人がいるかもしれない。町内の顔なじみの人々に、あるいはまた、職場の身近な同僚に補聴器をつけている人、知的障害のある人といった、障害のある子どもや障害者がいる可能性もあるだろう。

以上、3つのことから見えてくることは、人は、社会で生きていく限り、それらの可能性にさらされているということである。

〝さらされる〟と書いたが、マイナスのイメージで語っているのではない。そのような可能性を人は持っているのであって、そのような可能性も含めて、社会生活というものが構築されているのである。そういうものなのであり、それが当たり前の状態、という考え方が大切であろう。

だからこそ、そのうえで、「どうするか」という考えに立って、適切に行動していけばよいのである。

しかし、「序章」で見たように、残念ながら障害者への差別的な発言や行動が、まだまだ社会や学校に残っている。特別支援教育も進化の途上にある。すでに何度か述べたように、日本は、国を挙げて、共生社会の実現を目指している。障害があるとかないとかではなく、誰もが、人権を尊重されねばならない（共生社会の定義）。そして、「国民は、すべての基本的人権の享有を妨げられない」と、日本国憲法で謳われている（第11条）。

以前、筆者が兵庫教育大学に勤務していた頃、兵庫県内の高等学校で授業をしたことがある（その時の様子は、一般社団法人日本ＬＤ学会の機関紙の巻頭言に掲載してある）。その時に、今どきの高校生は「大丈夫だ」「とても心強い応援団だ」という感触を持ったことを覚えている。皆さんのような年代の人は、すでに、良き理解者であり支援者である、ということである。

現在の大人や高齢者は、戦後、日本のゼロからの成長を支えてきた世代である。例えば、科学技術の急速な進展や、それに伴うと思われるノーベル賞の数々の受賞、家電や自動車製造などの産業の発展、豊かな文化の深まりと輸出、エネルギー供給システムの構築と運用、と世界から羨望《せんぼう》の眼差《まなざ》しで見られる国になった。

しかし、近年、人口減少、子どもの数の減少、平均寿命の低下、産業の停滞、目標が見いだせない状態が続いている最中に、先の東日本大震災、そして原子力発電所事故。この何とも言いようがない閉塞《へいそく》感をどう打開していくか、具体的な方策が見いだせないまま時間だけが過ぎていくように思えてならない。

このような状態からの脱却の一つの方策が、実は、本書で取り上げた特別支援教育ではないかと考える。

　日本には、これまで大事に育ててきたたくさんの魅力があるが、本書で述べてきたような特別支援教育という点においても、世界中の人々が憧れる魅力的な国になってほしいと思う。また、同じような街づくり国づくりをしていく街や国が、世界中に広がっていってほしいと思う。世界中の人々に日本のイメージを聞いたとき、「どの国よりも障害者に優しい国」「世界で一番、障害者に優しい国」という回答が自然に聞かれるような国にしていきたいと思う。私は、この日本という国が、ぜひとも、そのような国に育っていってほしいと願っている。

　そのためには、まさにこれから近い将来、大人になって、社会づくりに直接関わるようになっていくであろう今の中学生、高校生の皆さんの果たす役割は、非常に大きいのである。皆さんに大いに期待する理由もそこにある。

　さあ、中学生、高校生の皆さん、この日本という国を、「どの国よりも障害者に優しい国」「世界で一番、障害者に優しい国」にしていこうではないか。そのようなチャレンジは、「障害者だけに優しい国」ではなく、結局、「どの人も、大切にされ、学びやすくて暮らしやすい国、豊かに幸せに生きていける国」ということになるのだと思う。

付録1　特別支援教育アドバンス問題集

２０１２年度（平成24年度）、東京大学大学院（修士課程・博士課程）で行った講義「特別支援教育特論」の講義終了時の最終レポートとして課したものをもとに修正したものである。これらは、特別支援教育の、根本的中核的な問題、歴史的に継続してきている重要な問題であり、現時点、及び、今後の特別支援教育のありように深く関わる問題である。

＜**心理学分野**＞

Ｑ１：知能は生涯にわたって固定的ではなく、大きく変動する可能性があることが、縦断研究によって知られている。そこで、知能の変動の要因と考えられる事項について、個人の問題と環境の問題に分けて列挙して述べよ。また、特に教育の効果との関係について、どのように考えるか述べよ。

Ｑ２：近年の個別検査（発達検査、知能検査など）は、個人間差のみならず、個人内差を明らかにすることができる。そこで、個人内差のいくつかのタイプについて述べるとともに、それらを明らかにするための手法について述べよ。（参考：WISC—Ⅳ、KABCⅡ、DN—CAS）

Q3：近年、新聞やTV、一般市民、教育関係者、保護者などさまざまな人々から、「発達障害は増えているか」という問いがよく聞かれる。そのような問いが増えている背景を述べるとともに、「増えているか」の問いにどのように答えるか、考えを述べよ。

Q4：医学分野や保健学分野などでは、さまざまな長期にわたる縦断研究が行われてきている。しかし、教育分野に特に焦点を当てた本格的なものは見当たらない（少なくとも日本では）。そこで、障害のある子どもの教育（発見、指導、支援、就学、就労、などの視点から）を充実発展させるために、長期にわたる縦断研究をどのように設計したらよいか、理想的な研究デザインを設計せよ。なお、研究に係る経費については制限しないが、かかる経費の算出もせよ。

Q5：ダニエル・キイス著『アルジャーノンに花束を』（翻訳本あり〔ハヤカワ文庫〕）を取り上げながら、「人は、知能が高ければ高いほど幸せか」という問いに、考えを述べよ。

＜教育学分野＞

Q6：障害のある子どもの「指導方法の確立」は最も重要な教育課題の一つである。そこで、何をもって「指導方法が確立された」と考えるか、指導の効果の視点から考えを述べよ。特定の障害に焦点を当てて述べてもよい。

Q7：学校教育において、一人一人の多様なニーズに応じて子どもを分けて指導することと、分けずに一緒に指導することについて、どのように考えるか。教育的対応の効果とコストの視点から述べよ。その際に、「等級制」と「学年制」といった歴史的背景も踏まえること。

Q8：小中学校等の通常学級における授業ユニバーサルデザイン（ユニバーサルデザインの授業）について解説し、その有効性と限界について、最近の学術論文を引用して、考えを述べよ。

Q9：日本における発達障害のある子どもの「個別の指導計画」は、諸外国の類似した計画（例えば、米国ではIEP）とどのような相違があるか。一つの国を取り上げ、比較しながら述べよ。その際、比較の観点として、法的位置づけ、作成の手続き、保護者の参画のあり方についてはかならず触れること。

Q10：現時点での、学校や自治体における特別支援教育の成果と課題について述べるとともに、課題を解決する具体的な方策を列挙して述べよ。特定の具体的な内容に絞って論じてもよい。

＜行政学（政策学）分野＞

Q11：都道府県、あるいは、区市町村から一つの自治体を選び（基本的には自分の出身の自治体）、そこにおける特別支援教育政策の現状を紹介するとともに、課題を一つ取り上げ、その課題を解決するための改善策を述べよ。また、それに係る経費を算出せよ。なお、取り上げた自治体の基本情報（面積、人口、年間の総予算、特色など）を記載すること。

Q12：近年、特別支援教育の対象者数が増えている、というデータが文部科学省などから示されている。そこで、それは、今後10年間にどのように変容する（あるいは、しない）と推測するか、その理由を示しながら考えを述べよ。

Q13：初等中等教育段階で障害のある子ども一人あたりにかかる教育費用の総額は、障害のない子どもと比べてどのような割合にあるか、述べよ。その際、その産出の根拠についても述べること。さらに、ひとつの国を取り上げ、比較して論ぜよ。

Q14：我が国の特別支援教育は、他の国と比べて、制度的に、どのような特色があると考えるか。一つの国を例に取り上げ、それぞれ、優れていると考える点、課題があると考える点に分けて、比較して述べよ。さらに、そのような違いの背景（要因）について述べよ。

Q15：日本において、今後、2E（twice exceptional）教育をどのように進めていけばよいと考えるか、あるいは、進める必要はないと考えるか、通常教育及び特別支援教育の双方の視点から考えを述べよ。その際、制度として位置づいている国を一つ取り上げて論じること。

付録2　東京大学大学院教育学研究科講義シラバス（2012年度）

授業科目名：特別支援教育特論

単位数：２単位

担当教員名：柘植　雅義

授業の到達目標及びテーマ

特別支援教育に関する事項について、歴史的変遷から最新の動向までを、心理学、教育学、行政学（政策学）の視点から総合的複合的に習得する。

授業の概要

特別支援教育に関する事項について、特に、基礎となる心理学、教育学、行政学（政策学）の学問分野から論じるとともに、国際的な動向を踏まえながら国際比較の視点からも論を進める。そして、特別支援教育の現状と課題を整理し、今後の在り方を展望する。

授業計画

第１回：オリエンテーション／特別支援教育概論
第２回：理念・歴史・法・制度【行政学（政策学）】
第３回：障害観の変遷と現代的捉え【行政学（政策学）】
第４回：自治体の特別支援教育政策【行政学（政策学）】
第５回：諸外国の特別支援教育政策【行政学（政策学）】
第６回：障害の種類と障害特性【心理学】
第７回：心理学的研究の動向【心理学】
第８回：事例研究「自治体の特別支援教育政策」
第９回：アセスメントの目的と方法【心理学】
第10回：障害の受容と家族【心理学】
第11回：学習指導要領と教育課程【教育学】
第12回：個別の指導計画と米国のIEP【教育学】

第13回：エビデンスに基づいた指導【教育学】
第14回：特別支援教育の授業【教育学】
第15回：事例研究「特別支援教育に係る最新トピックから」
／総合討論とまとめ

テキスト

未定

参考書・参考資料等

未定

学生に対する評価

毎回の授業における協議への参加、及び、2回の事例研究に係る事前に作成するレポートの内容とプレゼンテーションを評価する。

付録3　関係機関・団体一覧

政府

文部科学省
国立特別支援教育総合研究所
内閣府（共生社会に関連する事項など）
厚生労働省
他

自治体

都道府県、政令指定都市、その他の市町村は、教育委員会や教育センター等において、特別支援教育の推進に向けた取り組みを行っている。

学術団体

日本 LD 学会（一般社団法人）
日本自閉症スペクトラム学会
（NPO 法人日本自閉症スペクトラム支援協会）
日本特殊教育学会（一般社団法人）
日本教育心理学会（一般社団法人）
日本学校心理学会
日本発達心理学会
他

大学

教員養成を行っている大学・大学院や、教育学や心理学等の専攻が可能な大学・大学院では、特別支援教育に関する研究・実践・広報活動などを行っている。

親の会や当事者団体等

全国 LD 親の会（NPO 法人）
えじそんくらぶ（ADHD）（NPO 法人）
EDGE（ディスレクシア）（NPO 法人）
アスペ・エルデの会（NPO 法人）
日本自閉症協会（社団法人）
他

おわりに

本書は、障害のある子どもの教育である特別支援教育について、わが国における130年以上の歴史を振り返り、現在を見つめ、将来を展望しようと試みたものである。

21世紀の初頭、新たに誕生した特別支援教育は、もはや、障害のある子どものためだけのものではなく、すべての子どものためであるばかりか、共生社会の実現という日本が掲げる大きなミッションを、教育の分野において一手に担っているものであると述べてきた。

そして、終章では、特別支援教育が、実は、日本という国で暮らすすべての人々の、夢と希望と幸せの仕掛けである、とも述べた。

さらに、補章では、将来の日本が、世界の中で、「どの国よりも障害者に優しい国」「世界で一番、障害者に優しい国」とイメージされ、言われるようになることを目指してみようではないかと、近い将来、社会の一員として活躍するであろう中学生・高校生に呼びかけてみた。そして、それは、きっと「障害があるとかないとかではなく、すべての人に優しい国」

へとなっていき、そのことで日本が、世界中から〝憧れ〟の国となることだろうと。あたかも、スーツやバッグや車に世界的なブランドがあるように、日本の特別支援教育を世界的なブランドに育て上げたいのである。このことは、中公新書の筆者の前書である『学習障害(LD)――理解とサポートのために――』(2002年)でも書いた。

これが、現在、私が掲げる〝夢〟である。

第7章で述べたように、戦後まもない頃、特殊学級(現在の特別支援学級)の振興に向けて、山口と東京で当時の文部省が開催した特殊学級の研究協議会において掲げられた、特殊学級を担当する教師に対するあの高い期待は、未だなお実現されていないと思うし、現代において読み直しても、全く古くなく、現時点での目標として掲げるべき事項でもある。

あるいは、40年近く前、国立特別支援教育総合研究所の初代所長であった辻村泰男氏の、「これ以上に障害児教育を推進するには通常教育がもっと障害児に向き合って寄り添ってきてくれないと駄目だ」「通常教育の守備範囲がもっともっと広がって、障害児も受け入れていってほしい。もしそうなるなら、特殊教育なんてなくなってしまってもよいと思う」という言葉は、現代でも眩《まぶ》しい。

それらは、それほどまでに高すぎる志だったのであろうか。いや、そうではなく、さまざまな関係者の怠慢、努力不足、方策の誤り、が原因なのか、わからない。でも、そのような高い志が、確かに、その時代の、そしてその後の時代の、障害のある子どもに対する教育の牽引《けんいん》となっていたことは確かだと思う。

今こそまた一つ、未来に向けて、高い志を掲げて、その実現に向けた具体的な策と計画をもって臨んでいこうではないか。それが、補章で述べた、〝憧れの国〟づくりである。

「夢は見るものではない。叶《かな》えるものなんだ」というフレーズを、何かの企業のテレビコマーシャルで見たことがある。夢は、見ているだけでは、変わっていかないのである。序章の冒頭で述べたように、私たち一人一人が、傍観者ではなく、ともにプレーヤーとして活躍すれば、実現できると信じている。そして、「人が夢見ることができることは、かならず実現できる」というウォルト・ディズニーの金言もあるではないか。

本書を書き上げるために、実に多くの方々に協力や助言をいただいた。お世話になった人々は、本書の内容上、研究者、学校教育関係者、行政担当者、そして保護者と多岐にわたった。特に、私の講義にゲストとして参加してくださった、小林靖、橋口亜希子、高田敬子、下村治、太田聡子の皆さんに感謝したい。

また、私の講義を受講してくれた大学院生のなかで、特に、博士課程の司城紀代美、志茂こづえ、修士課程の江川愛都紗、和田あずさ、山田小百合の皆さんは、本書の構想の段階から関心を持ってくれた。最初の構想では、彼らに本書の作成に本格的に参画してもらおうと考えていたが、私の取り回しの拙さで叶わずじまいになったことを申し訳なく思う。いつか、また別の機会があるだろう。また、彼らを含めて、講義を受講した大学院生の皆さんは、日々の講義では、誰もが熱心な質疑応答と積極的な協議への参加をしてくれた。そのことが、本書の作成に大きく貢献した。そして、「特別支援教育特論」という講義の機会を与えてくださった、東京大学の秋田喜代美教授に感謝したい。

最後に、中央公論新社中公新書担当の岡田健吾氏に感謝の意を述べたい。漠然とした構想の段階、スケジュールも含めた具体的な企画の段階、そして、校正・装丁から出版に至るまでの1年余り、さまざまなアドバイスをいただいた。

2013年4月　早朝　野比海岸が見渡せる研究室

柘植雅義

文献一覧

斉藤利彦（2011年）試験と競争の学校史　講談社学術文庫
柳治男（2005年）〈学級〉の歴史学――自明視された空間を疑う――　講談社選書メチエ
榊保三郎共述（1910年a）異常児ノ病理及教育法　教育病理及治療学　上巻　東洋印刷
榊保三郎共述（1910年b）異常児ノ病理及教育法　教育病理及治療学　下巻　東洋印刷
文部省（1953年a）特殊児童判別基準とその解説　光風出版
文部省（1953年b）特殊学級経営のために　学陽書房
大村市・石井筆子顕彰事業実行委員会（2002年）石井筆子の生涯：近代を拓いた女性――いばら路を知りてささげし――
一番ヶ瀬康子・津曲裕次・河尾豊司編（2004年）無名の人　石井筆子――〝近代〟を問い歴史に埋もれた女性の生涯――　ドメス出版
木下知威・大原一興（2010年）京都盲唖院における空間構成と教育プログラムに関する研究――明治期の京都盲唖院における建築設計図面、エスキス、関連資料から――　日本建築学会計画系論文集、75、647、25-34
坂本裕・大友昇（1993年）精神薄弱養護学校における実践的研究活動の充実のために――演繹的研究方法のすすめ――　熊本大学教育実践研究、10、71-78
正村公宏（2001年）ダウン症の子をもって　新潮文庫

筆者の文献

柘植雅義（1987年）養護教育の評価 科学的に 朝日新聞、論壇、昭和62年12月29日（朝刊）

柘植雅義（1999年）カリフォルニア大学ロサンゼルス校（UCLA）滞在報告――学習障害への特殊教育サービスの現状と課題―― 国立特殊教育総合研究所、世界の特殊教育、13、49-57

柘植雅義（2005年a）特別支援教育調査官という仕事 日本心理学会、心理学ワールド、30、3

柘植雅義（2005年b）教師は「授業」で勝負する――これからの特別支援教育でこそ求められる中心的な視座―― 障害児の授業研究、100、5 明治図書

柘植雅義・宇野宏幸・石橋由紀子（2007年）特別支援教育コーディネーター全国悉皆調査 特別支援教育コーディネーター研究、2、1-69

柘植雅義（2008年a）「共生社会」実現へ一歩（障害児「特別支援教育」を考える：子ども一人一人の必要に応じて支援する改革から1年。学校はどう変わったか）毎日新聞、平成20年6月6日（朝刊）

柘植雅義（2008年b）特殊教育から特別支援教育への転換：発達障害への支援が制度化 一部で消えぬ「問題児扱い」（取材コメント）特集：子ども格差――このままでは日本の未来が危ない――、週刊東洋経済、平成20年5月17日号、99-101

柘植雅義（2009年）この2年間で、何がどこまで進んだか？ 何が進まなかったか？ 特集：どこまで進んだのか？ 特別支援教育最前線 特別支援教育の実践情報、127、8-9 明治図書

柘植雅義（2010年）特別支援教育に関する教育心理学的研究の動向と展望――発達障害関係の研究を中心に―― 教育心理学年報、49、130-139

柘植雅義（2011年a）自治体間格差、学校間格差、教員間格差の是正が課題 特集：2011「特別支援教育」の成果と課題 総合教育技術、2011、9、56-58 小学館

柘植雅義（２０１１年ｂ）マラソンランナーではなくリレーランナーとしての教師　特集：〈新学期〉子どもとの最高の出会いを創ろう！　年度末から年度当初までの準備のポイント　特別支援教育の実践情報、１４１、８-11　明治図書

柘植雅義（２０１２年ａ）これからの特別支援教育に求められる視点：ニーズ、サイエンス、パートナーシップ　日本教育、４１４、６-９

柘植雅義（２０１２年ｂ）論説：特別支援学級に期待されていること　特集：特別支援学級への期待　特別支援教育研究、５月号　東洋館出版社

柘植雅義・上野一彦（２０１２年）サミュエル・Ａ・カークが主張した学習障害と精神遅滞の関係を巡る最近の一連の学術論文と日本への示唆――ＬＤ研究、21、２、２９７-３０５

柘植雅義（２０１３年ａ）保幼小連携はなぜ必要で今後どうあるべきか？　特集２：気になる子を支援する「保幼小連携」最前線レポート　総合教育技術、２月号、54-55　小学館

柘植雅義（２０１３年ｂ）子どもを科学的に捉えて――インクルーシブ教育システム構築の行方　日本教育新聞、平成25年３月25日、３

筆者の文献（著書）

＜制度・政策＞

柘植雅義（２００４年）学習者の多様なニーズと教育政策――ＬＤ・ＡＤＨＤ・高機能自閉症への特別支援教育――　勁草書房

柘植雅義（２００８年）特別支援教育の新たな展開――続・学習者の多様なニーズと教育政策――　勁草書房

Tsuge M. (2001) Learning Disabilities in Japan. In Hallahan D.P. & Keogh B.K. (Eds.), *Research and*

Global Perspectives in Learning Disabilities: Essays in Honor of William M. Cruickshank. New Jersey: LAWRENCE ERLBAUM ASSOCIATES（LEA）.

＜**自治体の取り組み**＞

柘植雅義編集（２００７年）実践事例に学ぶ特別支援教育体制づくり――23自治体の特色ある取り組みから――　金子書房

柘植雅義監修、名古屋の特別支援教育を推進する会編著（２００７年）先進事例集：地域の特色ある特別支援教育⑴名古屋発！　教育的ニーズに応じた指導――支援校内支援体制の実際と特別な支援を必要とする子どもの授業づくり――　明治図書

柘植雅義監修、阿部利彦編著（２００７年）先進事例集：地域の特色ある特別支援教育⑵教師の力で明日できる特別支援教育――スペシャルサポートをナチュラルサポートにつなぐ埼玉県所沢市の挑戦――　明治図書

柘植雅義監修、一宮特別支援教育研究会編著（２００８年）先進事例集：地域の特色ある特別支援教育⑶愛知県一宮市発！　発達障害のある子への支援体制づくり　明治図書

柘植雅義監修、中尾繁樹編著（２００８年）先進事例集：地域の特色ある特別支援教育⑷神戸市発！　特別な配慮の必要な子どもへの具体的指導内容と支援策　明治図書

柘植雅義監修、酒井均編著（２０１１年）発達に課題のある子どもの早期からの療育――人口10万都市 福岡県春日市の取り組み――　明治図書

＜**幼稚園・就学・早期支援**＞

無藤隆・神長美津子・柘植雅義・河村久編著（２００５年）「気になる子」の保育と就学支援――幼児期におけるＬＤ・ＡＤＨＤ・高機能自閉症等の指導――　東洋館出版社

＜**小学校支援**＞

吉田昌義・河村久・吉川光子・柘植雅義（２００４年）通常学級におけるＬＤ・ＡＤＨＤ・高機能自閉症の指導――つまずきのある子の学習支援と学級経営――　東洋館出版社

＜中学・高校支援＞
柘植雅義・秋田喜代美・納富恵子・佐藤紘昭編著（２００７年）自立を目指す生徒の学習・メンタル・進路――中学・高校におけるＬＤ・ＡＤＨＤ・高機能自閉症等の指導――　東洋館出版社

＜指導・支援・学校経営・授業研究会＞
柘植雅義編著（２００５年）通常学級における特別支援教育ＰＤＣＡ　教育開発研究所
柘植雅義編著（２００６年）これならできる〝ＬＤ・ＡＤＨＤ・高機能自閉症等〟への対応　教育開発研究所
柘植雅義編著（２００７年）特別支援教育の推進――１００の質問に答える――　教育開発研究所
藤田和弘・熊谷恵子・柘植雅義・三浦光哉・星井純子編著（２００８年）長所活用型指導で子どもが変わる、Ｐａｒｔ３――認知処理様式を生かす各教科・ソーシャルスキルの指導――　図書文化
柘植雅義・堀江祐爾・清水静海編著（２０１２年）教科教育と特別支援教育のコラボレーション――授業研究会の新たな挑戦――　金子書房

＜特別支援教育コーディネーター・特別支援学校センター的機能＞
柘植雅義編著（２００９年）小・中　特別支援教育コーディネーターための実践・新学習指導要領　教育開発研究所
柘植雅義・田中裕一・石橋由紀子・宮崎英憲編著（２０１２年）特別支援学校のセンター的機能――全国の特色ある30校の実践事例集――　ジアース教育新社

＜発達障害＞
柘植雅義・篁倫子・大石幸二・松村京子編著（２０１２年）対人援助専門職のための発達障害者支援ハンド

ブック　金剛出版

〈行動療法〉

小野昌彦・奥田健次・柘植雅義編著（２００７年）発達障害・不登校の事例に学ぶ 行動療法を生かした支援の実際　東洋館出版社

〈家族支援〉

柘植雅義・井上雅彦編著（２００７年）発達障害の子を育てる家族への支援　金子書房

〈教職を目指す大学生向けテキスト〉

柘植雅義・渡部匡隆・二宮信一・納富恵子編著（２０１０年）はじめての特別支援教育――教職を目指す大学生のために――　有斐閣

〈一般書〉

柘植雅義（２００２年）学習障害（ＬＤ）――理解とサポートのために――中公新書（中央公論新社）

〈翻訳書〉

柘植雅義・秋田喜代美訳（２０１０年）教室の中の気質と学級づくり――縦断研究から見えてきた個の違いの理解と支援――（Barbara K. Keogh〔2003〕*Temperament in the Classroom.* PAUL・H・BROOKES）金子書房

柘植雅義・緒方明子・佐藤克敏監訳（２０１２年）アメリカのＩＥＰ（個別の教育プログラム）――障害のある子ども・親・学校・行政をつなぐツール――　中央法規（Pete Wright, Pam Wright, and Sue O'Connor〔2010〕*All About IEPs ? Answers to Frequently Asked Questions About IEPs-.* Harbor House Law Press, Virginia, USA）

柘植雅義（つげ・まさよし）

筑波大学教授（人間系 知的・発達・行動障害学分野）．1958年，愛知県生まれ．愛知教育大学大学院，筑波大学大学院で学び，筑波大学より博士（教育学）の学位を取得．公立小学校特殊学級，養護学校（知的障害）教諭を経て，1994年より国立特殊教育総合研究所研究官，主任研究官，研究室長．1997～98年，米国カリフォルニア大学ロサンゼルス校（UCLA）客員研究員，2001年より文部科学省特別支援教育調査官（発達障害担当），2006年より兵庫教育大学教授，2010年より国立特別支援教育総合研究所上席総括研究員，教育情報部長，発達障害教育情報センター長，2014年より現職．

著書『学習障害（LD）――理解とサポートのために』（中公新書，2002年）
『発達障害事典』（丸善出版，2016年）
『特別支援教育の到達点と可能性――2001～2016年：学術研究からの論考』（金剛出版，2017年）

特別支援教育《とくべつしえんきょういく》
中公新書 *2218*

2013年5月25日初版
2017年6月10日再版

著　者　柘植雅義
発行者　大橋善光

本文印刷　暁印刷
カバー印刷　大熊整美堂
製　本　小泉製本

発行所　中央公論新社
〒100-8152
東京都千代田区大手町1-7-1
電話　販売 03-5299-1730
　　　編集 03-5299-1830
URL http://www.chuko.co.jp/

Published by CHUOKORON-SHINSHA, INC.
Printed in Japan　ISBN978-4-12-102218-9 C1237

中公新書刊行のことば

いまからちょうど五世紀まえ、グーテンベルクが近代印刷術を発明したとき、書物の大量生産は潜在的可能性を獲得し、いまからちょうど一世紀まえ、世界のおもな文明国で義務教育制度が採用されたとき、書物の大量需要の潜在性が形成された。この二つの潜在性がはげしく現実化したのが現代である。

いまや、書物によって視野を拡大し、変りゆく世界に豊かに対応しようとする強い要求を私たちは抑えることができない。この要求にこたえる義務を、今日の書物は背負っている。だが、その義務は、たんに専門的知識の通俗化をはかることによって果たされるものでもなく、通俗的好奇心にうったえて、いたずらに発行部数の巨大さを誇ることによって果たされるものでもない。現代を真摯に生きようとする読者に、真に知るに価いする知識だけを選びだして提供すること、これが中公新書の最大の目標である。

私たちは、知識として錯覚しているものによってしばしば動かされ、裏切られる。私たちは、作為によってあたえられた知識のうえに生きることがあまりに多く、ゆるぎない事実を通して思索することがあまりにすくない。中公新書が、その一貫した特色として自らに課すものは、この事実のみの持つ無条件の説得力を発揮させることである。現代にあらたな意味を投げかけるべく待機している過去の歴史的事実もまた、中公新書によって数多く発掘されるであろう。

中公新書は、現代を自らの眼で見つめようとする、逞しい知的な読者の活力となることを欲している。

一九六二年一一月

中公新書

教育・家庭

m1

- 1136 0歳児がことばを獲得するとき　正高信男
- 1583 子どもはことばをからだで覚える　正高信男
- 1882 声が生まれる　竹内敏晴
- 1403 子ども観の近代　河原和枝
- 1484 変貌する子ども世界　本田和子
- 1588 子どもという価値　柏木惠子
- 1300 父性の復権　林　道義
- 1630 父親力　正高信男
- 829 児童虐待　池田由子
- 1643 学習障害（LD）　柘植雅義
- 2004 2005 大学の誕生（上下）　天野郁夫
- 1249 大衆教育社会のゆくえ　苅谷剛彦
- 2006 教育と平等　苅谷剛彦
- 1704 教養主義の没落　竹内　洋
- 2149 高校紛争 1969-1970　小林哲夫

- 1884 女学校と女学生　稲垣恭子
- 1955 学歴・階級・軍隊　高田里惠子
- 1065 人間形成の日米比較　恒吉僚子
- 1578 イギリスのいい子 日本のいい子　佐藤淑子
- 1984 日本の子どもと自尊心　佐藤淑子
- 416 ミュンヘンの小学生　子安美知子
- 2066 いじめとは何か　森田洋司
- 1350 ケンブリッジのカレッジ・ライフ　安部悦生
- 1732 アメリカの大学院で成功する方法　吉原真里
- 1970 外国人学校　朴　三石
- 1942 算数再入門　中山　理
- 2065 算数トレーニング　中山　理
- 986 数学流生き方の再発見　秋山　仁
- 2217 中学数学再入門　中山　理
- 2218 特別支援教育　柘植雅義

中公新書

知的戦略・実用

n 1

中公新書

情報・コミュニケーション　01

中公新書

環境・福祉

r1

- 348 水と緑と土（改版）　富山和子
- 1156 日本の米—環境と文化はかく作られた　富山和子
- 1991 イワシはどこへ消えたのか　本田良一
- 1752 自然再生　鷲谷いづみ
- 1906 海ゴミ—拡大する地球環境汚染　小島あずさ　眞淳平
- 2120 気候変動とエネルギー問題　深井有
- 1648 入門 環境経済学　日引聡　有村俊秀
- 2115 グリーン・エコノミー　吉田文和
- 1743 循環型社会　吉田文和
- 1288 生殖革命と人権　金城清子
- 1646 人口減少社会の設計　松谷明彦　藤正巖
- 1498 痴呆性高齢者ケア　小宮英美
- 1756 高齢者虐待　小林篤子